我国水稻生产发展问题研究

王志丹 张默 张慧 石鑫岩 著

中国农业科学技术出版社

图书在版编目（CIP）数据

我国水稻生产发展问题研究 / 王志丹等著 . -- 北京：中国农业科学技术出版社，2021.9

ISBN 978-7-5116-5475-5

Ⅰ.①我… Ⅱ.①王… Ⅲ.①水稻-产业发展-研究-中国 Ⅳ.①F326.11

中国版本图书馆 CIP 数据核字（2021）第 181111 号

责任编辑	申　艳　姚　欢
责任校对	马广洋
责任印制	姜义伟　王思文

出 版 者	中国农业科学技术出版社
	北京市中关村南大街12号　邮编：100081
电　　话	（010）82106636（编辑室）　（010）82109702（发行部）
	（010）82109709（读者服务部）
传　　真	（010）82106631
网　　址	http://www.castp.cn
经 销 者	各地新华书店
印 刷 者	北京建宏印刷有限公司
开　　本	170 mm×230 mm　1/16
印　　张	15.25
字　　数	190 千字
版　　次	2021年9月第1版　2021年9月第1次印刷
定　　价	68.00 元

▅▅▅▅◀ 版权所有·翻印必究 ▶▅▅▅▅

序　言

"国以民为本，民以食为天，食以粮为源"。作为国家安全战略的重要组成部分之一，粮食生产在任何时候都不能有丝毫的懈怠和放松。这既涉及国家粮食安全的保障，又涉及农民收入水平的提高；既事关生产力的发展，又事关生产关系的调整；既需要地方政府的探索创新，又需要中央层面的顶层设计。尽管我国粮食生产实现了"十三连丰"，但依然面临"双板"（价格天花板、成本地板）困境以及资源环境"硬约束"加剧等一系列严峻挑战，而且消费者对主要粮食作物产品品质的要求也越来越高。随着工业化、城镇化的迅速推进，加之"刘易斯拐点"的出现和人口红利的逐渐消失，土地要素的稀缺程度不断提高，粮食生产所面临的要素禀赋结构和相对价格正在发生着根本性的变化，粮食生产已逐渐进入劳动力成本、土地经营成本与机会成本迅速上升的发展区间。这些都要求推动粮食产业发展由数量增长为主向数量质量效益并重转变、由主要依靠物质要素投入向依靠科技创新转变、由依靠拼资源和消耗向绿色生态可持续发展转变，这是经济发展新常态下降低粮食作物的生产成本、提高粮食生产的综合效益、增加农民收入的主动选择。

作为我国三大主粮之一的水稻，在我国的粮食生产中占有十分重要的地位。水稻产业的平稳发展对于保障我国粮食安全有着至关重要的作用，同时也是提高农民收入、保证国民生活、维护国家安全的重要手段。与此同时，随着国民经济的发展、城镇化建设的加速、人们生活水平的提高以及我国人口政策调整效果的逐渐显现，人们对大米的需求量将会有增加的动力，未来发展阶段水稻的消费量总体将会呈现稳定增加的发展趋势。在我国经济发展进入新常态的背景下，对我国水稻生产如何实现健康可持续发展进行研究显得尤为重要。基于上述研究背景，本书以水稻生产作为研究对象，从以下9个方面开展研究：一是在成本理论、规模经济理论、比较优势理论、成本效率理论等经济学相关理论以及相关研究成果的指导下，构建农业生产者从事粮食作物生产活动及其影响因素的分析框架；二是对世界水稻产业发展情况、地理空间布局等方面进行深入分析，并对日本、泰国、越南等主产国的水稻生产发展情况进行概述；三是从水稻种子生产、水稻生产与流通、水稻产业科技进步、未来市场研判等方面对我国水稻产业发展情况进行系统分析；四是对水稻生产投入和产出的现阶段特点、动态特征及其差异进行研究，梳理水稻生产成本和收益的变化特点及演变趋势；五是通过对中美水稻生产的成本差异及成因进行比较分析，合理归纳和总结优化对我国水稻生产成本的借鉴与启示；六是深刻分析水稻生产收益的影响因素，以判定影响水稻生产收益的主要因素，进而评估这些投入要素及其影响因素的变化对水稻生产收益影响的敏感程度；七是在上述实证研究的基础上，深入探究水稻成本投入要素的诱导效应及增长机制，从而进一步深入分析水稻成本投入要素价格变化对要素投入结构变化的诱导效应与水稻单要素生产率的增长机制；八是基于技术进步模式的研究角度，深入研究水稻生产增长路径选择及差异，从而提出不同类型、不同区域水稻生产应选择的与其资源禀赋相匹配的技术进步路径模式；九是对本研究的主要结论进行全面、系统的总结和提炼，并从加快推进水稻产业科技进步、积极培育现代水稻生产新型经营主体、不断健全完善水稻市场发展机制、提高农业机械的综合性能和质量水平、加大水稻产业科技研发投入力度等多个方面，因地制宜地提出在经济发展新常态背景下，促进我国水稻生产节本增效、健康可持续发展的有效路径和发展方向。

本书的写作团队主要来自辽宁省农村经济研究所、沈阳农业大学、河南省种子站、河套学院等多家单位。全书由王志丹副研究员负责修改和定稿。本书在调研、撰写过程中得到了诸多方面的关注与支持，在此一并表示感谢。由于时间和水平有限，疏漏与不足在所难免，敬请读者批评指正。

作者
2021 年 5 月

目 录

1 绪论 …………………………………………………………… (1)
　1.1 研究背景与意义 ………………………………………… (1)
　1.2 研究内容与技术路线 …………………………………… (3)
　　1.2.1 主要研究内容 ……………………………………… (3)
　　1.2.2 研究技术路线 ……………………………………… (6)
　1.3 研究方法与数据来源 …………………………………… (7)
　　1.3.1 研究方法 …………………………………………… (7)
　　1.3.2 数据来源 …………………………………………… (7)
　1.4 相关理论基础与文献综述 ……………………………… (8)
　　1.4.1 相关理论基础 ……………………………………… (8)
　　1.4.2 相关文献综述 ……………………………………… (12)

2 世界及典型国家水稻生产发展概况 ……………………… (20)
　2.1 世界水稻生产发展情况 ………………………………… (20)
　　2.1.1 世界水稻产量变化情况 …………………………… (20)
　　2.1.2 世界水稻种植面积变化情况 ……………………… (22)
　　2.1.3 世界水稻平均单产水平变化情况 ………………… (24)
　　2.1.4 世界大米国际贸易变化情况 ……………………… (25)

2.1.5　世界水稻科技发展现状及特点 …………………… (27)
　2.2　国外典型国家水稻生产发展情况 ……………………… (30)
　　2.2.1　日本水稻生产发展情况 …………………………… (30)
　　2.2.2　泰国水稻生产发展情况 …………………………… (34)
　　2.2.3　越南水稻生产发展情况 …………………………… (37)

3　我国水稻产业发展概况 ……………………………………… (41)
　3.1　我国水稻种子生产情况 ………………………………… (41)
　　3.1.1　水稻品种审定与推广 ……………………………… (42)
　　3.1.2　杂交水稻种子生产 ………………………………… (43)
　　3.1.3　水稻种子市场 ……………………………………… (47)
　3.2　我国水稻生产与流通现状 ……………………………… (48)
　　3.2.1　水稻生产基本情况 ………………………………… (48)
　　3.2.2　水稻生产空间布局情况 …………………………… (51)
　　3.2.3　水稻生产成本收益情况 …………………………… (54)
　　3.2.4　大米消费与贸易情况 ……………………………… (58)
　3.3　我国水稻产业技术研发进展 …………………………… (59)
　　3.3.1　水稻生物技术研究 ………………………………… (59)
　　3.3.2　水稻产业信息技术 ………………………………… (59)
　　3.3.3　水稻相关物化产品研发技术 ……………………… (60)
　　3.3.4　水稻产后加工技术 ………………………………… (60)
　3.4　未来市场走势判断及不确定性分析 …………………… (60)
　　3.4.1　未来市场走势判断 ………………………………… (60)
　　3.4.2　不确定性因素分析 ………………………………… (64)

4　我国水稻生产投入产出分析 ………………………………… (65)
　4.1　水稻生产投入和产出现状分析 ………………………… (65)

4.1.1 水稻成本投入的阶段性特点分析 …………………… (66)
   4.1.2 水稻产品产出的阶段性特点分析 …………………… (68)
   4.1.3 小结 ………………………………………………… (69)
 4.2 水稻生产投入和产出的动态变化特征分析 ……………… (70)
   4.2.1 水稻成本投入的动态变化特征分析 ………………… (70)
   4.2.2 水稻产品产出的动态变化特征分析 ………………… (74)
   4.2.3 小结 ………………………………………………… (77)
 4.3 不同种植区域水稻生产投入产出比较分析 ……………… (78)
   4.3.1 不同种植区域的水稻成本投入比较分析 …………… (79)
   4.3.2 不同种植区的水稻产品产出比较分析 ……………… (87)
   4.3.3 小结 ………………………………………………… (92)
 4.4 本章小结 …………………………………………………… (93)
5 中美水稻生产的成本差异比较分析 …………………………… (95)
 5.1 中美农作物成本核算体系及指标调整 …………………… (96)
   5.1.1 中美农作物成本核算体系概述 ……………………… (96)
   5.1.2 中美水稻成本比较指标调整 ………………………… (96)
 5.2 中美水稻生产的成本差异比较分析 ……………………… (98)
   5.2.1 中美水稻生产的成本水平差异分析 ………………… (98)
   5.2.2 中美水稻生产的成本构成差异分析 ………………… (99)
 5.3 中美水稻生产成本差异的成因分析 ……………………… (102)
   5.3.1 生产规模不同 ………………………………………… (102)
   5.3.2 生产方式不同 ………………………………………… (102)
   5.3.3 科技含量不同 ………………………………………… (103)
   5.3.4 保障手段不同 ………………………………………… (103)

  5.4 美国水稻生产对我国的借鉴与启示……………………（103）
    5.4.1 因地制宜采取集约化、机械化方式生产…………（103）
    5.4.2 提高水稻生产的科技含量…………………………（104）
    5.4.3 科学制定水稻相关产业政策………………………（104）
  5.5 本章小结……………………………………………………（105）

6 我国水稻生产收益的影响因素分析……………………（107）
  6.1 研究方法与数据处理………………………………………（107）
    6.1.1 研究方法……………………………………………（107）
    6.1.2 数据来源与数据处理………………………………（109）
  6.2 水稻生产收益变动情况分析………………………………（110）
  6.3 水稻生产收益影响因素实证分析结果……………………（113）
  6.4 水稻生产收益影响因素的产出弹性计算…………………（115）
  6.5 本章小结……………………………………………………（117）

7 水稻成本投入要素的诱导效应及增长机制分析………（119）
  7.1 研究方法……………………………………………………（119）
  7.2 水稻成本投入要素价格变化对要素投入结构变化的
      诱导效应分析………………………………………………（121）
    7.2.1 人工成本价格对要素投入结构变化的诱导效应
         分析……………………………………………………（122）
    7.2.2 土地成本价格对要素投入结构变化的诱导效应
         分析……………………………………………………（125）
  7.3 水稻单要素生产率的增长机制分析………………………（128）
    7.3.1 水稻单要素生产率增长机制与增长路径分析………（129）
    7.3.2 不同种植区域水稻单要素生产率增长机制与增长
         路径比较分析…………………………………………（130）

7.3.3　小结…………………………………………………………(135)

　7.4　本章小结………………………………………………………(136)

8　水稻生产增长路径选择及差异分析——基于技术进步路径模式视角……………………………………………………(137)

　8.1　不同种植区水稻生产投入分析………………………………(138)

　　8.1.1　水稻生产总体情况分析……………………………………(138)

　　8.1.2　不同种植区水稻生产投入分析……………………………(140)

　　8.1.3　小结…………………………………………………………(144)

　8.2　水稻技术进步模式的测度……………………………………(145)

　　8.2.1　研究方法……………………………………………………(145)

　　8.2.2　样本选择与数据来源………………………………………(147)

　8.3　早籼稻生产技术进步模式分析………………………………(147)

　　8.3.1　早籼稻生产技术进步模式的年度判别……………………(147)

　　8.3.2　早籼稻技术进步模式的阶段性判别………………………(149)

　8.4　中籼稻生产技术进步模式分析………………………………(150)

　　8.4.1　中籼稻生产技术进步模式的年度判别……………………(150)

　　8.4.2　中籼稻技术进步模式的阶段性判别………………………(151)

　8.5　晚籼稻生产技术进步模式分析………………………………(152)

　　8.5.1　晚籼稻生产技术进步模式的年度判别……………………(152)

　　8.5.2　晚籼稻技术进步模式的阶段性判别………………………(154)

　8.6　粳稻生产技术进步模式分析…………………………………(155)

　　8.6.1　粳稻生产技术进步模式的年度判别………………………(155)

　　8.6.2　粳稻技术进步模式的阶段性判别…………………………(156)

　8.7　本章小结………………………………………………………(157)

9 研究结论与政策建议 (159)

9.1 研究结论 (160)

9.1.1 世界水稻生产进入了快速稳定发展时期 (160)

9.1.2 我国水稻生产总体呈波动中稳步上升发展态势 (161)

9.1.3 我国水稻成本投入和产品产出的现阶段特点 (161)

9.1.4 水稻生产人工成本与土地成本呈现逐年攀升的特征 (162)

9.1.5 基于现金成本的水稻生产现金收益和基于总成本的净利润在波动中趋于下降的发展态势 (163)

9.1.6 中美两国水稻生产的成本水平和成本构成上存在较大差异 (163)

9.1.7 基本投入要素、自然环境条件、区域环境对水稻生产者现金收益产生影响 (164)

9.1.8 当前我国水稻生产主要是以劳动生产率为导向路径 (164)

9.1.9 我国四大种植区域水稻生产整体正向机械型技术进步为主转变 (165)

9.2 政策建议 (165)

9.2.1 加快推进水稻产业科技进步 (166)

9.2.2 积极培育现代水稻生产新型经营主体 (166)

9.2.3 不断健全完善水稻市场发展机制 (167)

9.2.4 提高农业机械的综合性能和质量水平 (167)

9.2.5 加大水稻产业科技研发投入力度 (168)

参考文献 ……………………………………………………… (169)
附录 部分省区推动水稻生产发展的相关文件 ………… (189)
 湖北省水稻产业提升计划（2016—2020 年）…………… (189)
 江西省农业技术推广中心关于印发《优质稻米产业重大技术
  协同推广计划试点工作 2021 年实施方案》的通知 ……… (195)
 广西壮族自治区人民政府办公厅关于加快推进我区水稻生产
  全程机械化的意见 …………………………………………… (209)
 福建省人民政府关于建立水稻生产功能区的实施意见
  …………………………………………………………………… (216)
 浙江省人民政府办公厅关于加强农业科技普及推广着力提高
  水稻单产的若干意见 ………………………………………… (222)
 湖南省水稻生产功能区和油菜籽、棉花生产保护区划定实施
  方案 …………………………………………………………… (226)

1　绪论

1.1　研究背景与意义

随着工业化和城市化的快速推进，我国粮食生产所面临的要素禀赋结构和相对价格正在发生着根本性的变化，粮食作物生产受土地、水资源、气候、劳动力、生态环境等资源条件的刚性约束加剧，具体表现为土地要素稀缺程度提高、水资源日趋短缺、水灾旱灾等自然灾害频发、农业劳动力减少与老龄化趋势并存、土壤生态环境状况恶化等，这加大了粮食作物生产投入要素配置的难度。2017年中央一号文件《中共中央　国务院关于深入推进农业供给侧结构性改革　加快培育农业农村发展新动能的若干意见》中明确提出，深入推进农业供给侧结构性改革，优化与资源禀赋相匹配的农产品产业结构，确保口粮绝对安全，着力推进农业提质增效。作为我国三大主粮之一的水稻，在我国的粮食生产中占有十分重要的地位。水稻产业的平稳发展对我国的粮食安全有着至关重要的作用，同时也是提高农民收入、保证国民生活、维护国家安全的重要手段。与此同时，随着中国经济的发展、中国城镇化建设的加速、人们生活水平的提高以及我国人口政策调整效果的逐渐显现，人们对大米的需求量将会有增加的动力，未来发展阶段对水稻的消费量总体将会呈现稳定增加的发展趋势。

粮食生产的资源环境约束迫切要求推动粮食产业发展由数量增长为主向数量质量效益并重转变、由主要依靠物质要素投入向依靠科技创新转变、由依靠拼资源消耗向绿色生态可持续发展转变，这是经济发展新常态下降低粮食作物生产成本、提高粮食生产综合经济效益和提高农民收入水平的主动选择。土地和劳动力是水稻生产中最具约束性的投入要素。随着工业化的发展与农业比较优势的丧失，大量农村劳动力向二三产业转移，农业劳动力供不应求，从事农业生产的机会成本提高，致使农村劳动力价格迅速上涨。与此同时，城镇化的推进导致农用耕地不断减少，而减免农业税、发放农业补贴等激励政策又引致耕地需求有所增加，供需矛盾加剧使得水稻生产的土地成本大幅提高。根据速水-拉坦的农业诱致性技术变迁理论，农业生产要素相对价格的变化会诱致技术进步的路径方向及要素之间的相互替代；在农业生产中，通常存在两类技术——"劳动节约型"的机械技术和"土地节约型"的生物化学技术，前者用来促进动力和机械对劳动的替代，后者用来促进化学肥料等工业品投入对土地的替代。

在我国经济发展进入新常态的背景下，对我国水稻生产如何实现健康可持续发展进行研究显得尤为重要。基于上述研究背景，本书将以水稻生产作为研究对象，从以下9个方面开展相关研究。一是在成本理论、规模经济理论、比较优势理论、成本效率理论等经济学相关理论以及相关研究成果的指导下，构建农业生产者从事粮食作物生产活动及其影响因素的分析框架；二是对世界水稻产业发展情况、地理空间布局等方面进行深入分析，并对日本、泰国、越南等主产国的水稻生产发展情况进行概述；三是从水稻种子生产、水稻生产与流通、水稻产业技术进步、未来市场研判等方面对我国水稻产业发展情况进行系统分析;四是对水稻生产投入和产出的现阶段特点、动态特征及其差异进行研究,梳理水稻生产成本和收益的变化特点和演变趋势;五是通过对中美水稻生产的成本差异及成因进行比较分析,合理归纳和总结优化我国水稻生产成本的借鉴与启示;六是深刻分析水稻生产收益的影响因素,以判定影响水稻生产收益的主要因素,进而评估这些投入要素及其影响因素的变化对水稻生产收益影响的敏感程度;七是在上述实证研究的基础上,深入探究水稻成本投入要素的诱导效应及增长机制,从而进一步深入分析水稻成本投入要素价格变化对要素投入结构变化的诱导效应与水稻单要素生产率的增长机制;八是从技术进步模式的研究角度,深入研究水稻生产增长路径选择及差异,从而提出不同类型、不同区域水稻生产应选择的与其资源禀赋相匹配的技术进步路径模式;九是对本研究的主要结论进行全面、系统的总结和提炼,并从加快推进水稻产业科技进步、积极培育现代水稻生产新型经营主体、不断健全完善水稻市场发展机制、提高农业机械的综合性能和质量水平、加大水稻产业科技研发投入力度等多个方面出发,因地制宜地提出在经济发展新常态背景下,促进我国水稻生产节本增效、健康可持续发展的有效路径和发展方向。

1.2 研究内容与技术路线

1.2.1 主要研究内容

本书以规模经济理论、技术进步理论、成本收益理论等经济学相关理论为指导,在简要介绍世界及典型国家水稻生产发展概况的基础上,从水稻种子生产、水稻生产与流通、水稻产业技术研发以及未来发展走势判断等方面入手,对当前我国水稻生产的发展情况进行全面、系统地分析。从阶段性特点、动态变化特征和不同区域间差异3个层面出发，对我国水稻生产的成本投入和产品产出情况进行了深入分析。通过对中美水稻生产的成本差异及成因进行比较分析，合理归纳和总结优化我国水稻生产成本的借鉴与启示。在对我国水稻生产收益变动情况详细了解的基础上，通过构建水稻生产超越对数（Translog）随机前沿生产函数，分析影响水稻生产收益的主要因素，并测算各投入要素的产出弹性，进而评估这些投入要素的变化对水稻生产收益影响的敏感程度。基于技术进步路径模式维度，将水稻成本分为生物化学投入成本、机械投入成本、土地成本、人工成本与其他成本，进而研究水稻成本投入要素价格变化对要素投入结构变化的诱导效应以及水稻单要素生产率的增长机制。基于技术进步模式的视角，深入研究水稻生产增长路径的选择及差异，以提出不同类型、不同地区水稻生产应选择的与其资源禀赋相匹配的技术进步路径模式。最终，因地制宜地提出未来阶段促进我国水稻生产发展的政策措施。

第1章，绪论。本章主要对我国水稻生产发展进行研究的背景、意义进行深入阐述，并在对现有国内外相关研究成果进行深刻学习、消化和吸收的基础上，提出本研究的主要研究内容、总体研究技术路线、所采用的主要研究方法以及所使用的数据来源。

第2章，世界及典型国家水稻生产发展概况。本章主要从时间和空间两个研究维度出发，进一步分析不同时期、不同地区世界水稻生产的发展变化情况，并对日本、泰国、越南等水稻主产国的水稻产业发展情况进行全面介绍。

第3章，我国水稻产业发展概况。本章重点从水稻种子生产、水稻生产与流通、水稻产业技术研发以及未来发展走势判断等方面入手，对当前我国水稻生产的发展情况进行全面、系统的分析。

第4章，我国水稻生产投入产出分析。本章主要运用静态分析法来分析水稻投入和产出的现阶段特征，运用动态分析法分析水稻投入和产出的动态演变趋势，运用方差分析法与S-N-K分析法比较分析粳稻种植区、早籼稻种植区、中籼稻种植区和晚籼稻种植区四大种植区域之间的水稻成本投入和产出差异。

第5章，中美水稻生产的成本差异比较分析。本章主要通过对中国与美国水稻生产成本的差异性进行比较研究，深入分析中美两国水稻生产的成本数量和变动规律的差异，进而归纳和总结美国水稻生产过程中在成本控制方面的经验，进而为中国水稻生产发展提供科学的决策参考。

第6章，我国水稻生产收益的影响因素分析。本章主要是通过构建基于水稻生产超越对数（Translog）的随机前沿生产函数，深入分析影响水稻生产收益的主要因素，测算各投入要素的产出弹性，进而评估这些投入要素的变化对水稻生产收益影响的敏感程度。

第7章，水稻成本投入要素的诱导效应及增长机制分析。基于技术进步路径模式维度，将水稻成本分为生物化学投入成本、机械投入成本、土地成本、人工成本与其他成本。本章主要研究水稻成本投入要素价格变化对要素投入结构变化的诱导效应以及水稻单要素生产率的增长机制。

第8章，水稻生产增长路径选择及差异分析——基于技术进步路径模式视角。本章主要运用2004—2016年的省级面板数据，利用E-S模型来测度不同阶段、不同区域水稻生产的生物化学型技术进步和机械型技术进步程度，对水稻生产阶段中起主导作用的技术进步模式进行分析与判定，探究不同优势区水稻生产技术进步模式选择的差异性。

第9章，研究结论与政策建议。本章通过对主要研究结论进行总结和归纳，并从加快推进水稻产业科技进步、积极培育现代水稻生产新型经营主体、不断健全完善水稻市场发展机制、提高农业机械的综合性能和质量水平、加大水稻产业科技研发投入力度等多个方面出发，因地制宜地提出在经济发展新常态背景下，促进我国水稻生产节本增效、健康可持续发展的有效路径和发展方向。

1.2.2 研究技术路线

本研究的总体技术路线如图 1-1 所示。

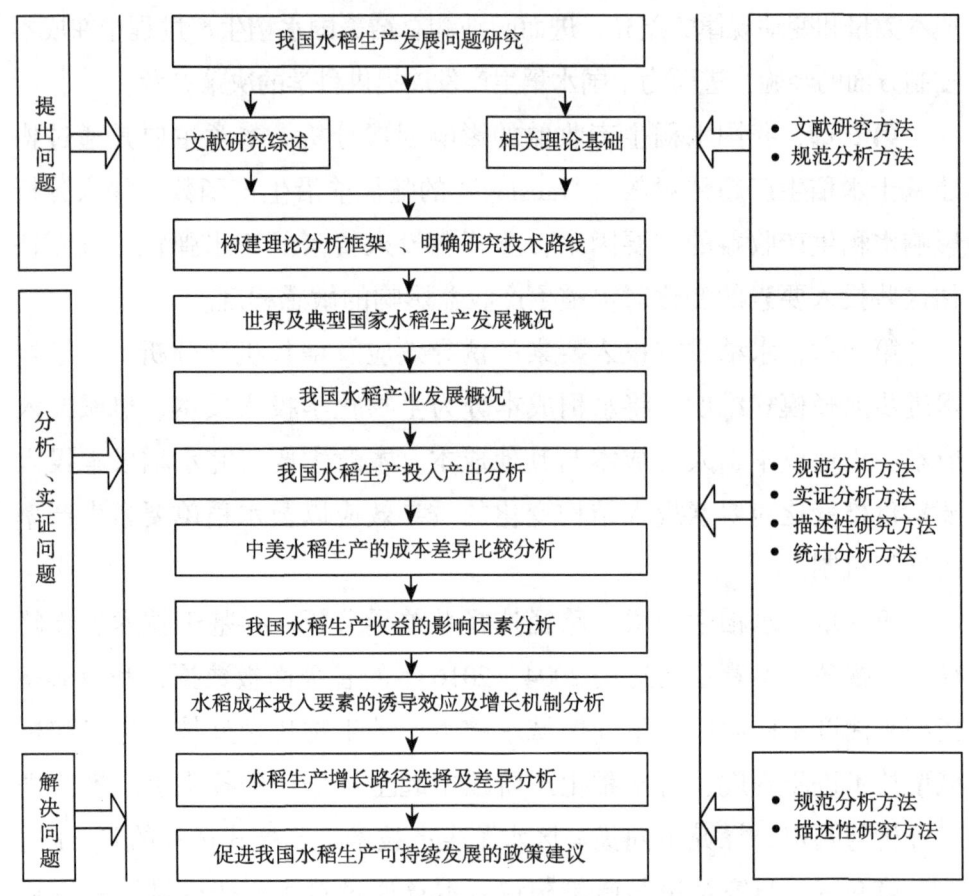

图 1-1 研究总体技术路线

1.3 研究方法与数据来源

1.3.1 研究方法

本研究主要是以规模经济理论、成本收益理论、技术进步理论等西方经济学相关理论为指导，在充分合理借鉴国内外相关研究的基础上，以我国水稻生产投入和产出为主要研究对象，从全方位、多维度的研究视角出发，采用理论研究与实证研究相结合、定性分析与定量分析相结合、调查法与比较分析法相结合、一般分析与典型分析相结合的研究方法，在简要介绍世界及典型国家水稻生产发展概况的基础上，从水稻生产发展概述、水稻生产成本投入和产品产出、水稻生产收益的影响因素分析、水稻成本投入要素的诱导效应及增长机制、水稻生产增长路径选择及差异分析5个方面对我国水稻生产发展相关问题进行深入研究，从而因地制宜地提出未来阶段推动我国水稻生产健康、稳定、可持续发展的有效路径。

1.3.2 数据来源

本研究中所使用的相关数据主要从以下渠道获得。

（1）国家相关部门公开发表、出版的数据、资料　主要包括相关年份的《中国统计年鉴》、《中国农村统计年鉴》、《全国农产品成本收益资料汇编》、《新中国六十年统计资料汇编》、联合国世界粮农组织统计数据库（FAOSTAT）等。

（2）政府相关部门的相关材料　主要包括相关年份的政府工作报告、部门工作报告、行业发展规划、国民经济和社会发展统计公报等。

1.4 相关理论基础与文献综述

1.4.1 相关理论基础

（1）成本理论　成本是商品经济的价值范畴，是商品价值的组成部分。从经济学概念出发，人们要进行生产经营活动或达到一定的目的，就必须耗费一定的资源，其所费资源的货币表现便被称之为成本，包含显性成本和隐性成本两部分。同时，西方经济学家还认为生产者将一定数量的生产要素用于一项或几项产品的生产中时，这些生产要素（即资源）便不能用于其他产品的生产之中，因此生产者因从事一项或几项产品的生产经营活动所取得的收入，是建立在放弃同样的生产要素资源在别的生产经营中能够取得的收入的基础之上的，因而便产生了机会成本。

显性成本是指生产主体在生产要素市场上购买或租用他人所拥有的生产要素的实际支出，对应生产者在产品生产、销售中所直接和间接消耗的能够被计入实际支出的材料投入和劳动力投入等。

隐性成本是指生产主体本身自己所拥有的且被用于该企业生产过程之中的那些生产要素的总价格，对应生产者自有的土地及生产场所、固定资产折旧、生产管理、销售费用等。

机会成本是指生产者生产某一单位的某种商品所放弃的使用相同的生产要素在其他生产用途中所能得到的最高收入。这意味着，生产者在生产经营过程中可以通过对机会成本的研究，调整生产经营项目和经营方式，使有限的生产要素资源得到最合理的配置。

（2）规模经济理论　规模经济理论是西方经济学的基本理论之一，在生产成本相关研究中具有重要意义。亚当·斯密被认为是经济学规模经济理论的奠基者,他在《国富论》中提出,劳动生产上最大的增进,以及运用劳动时所表现的更大的熟练、技巧和判断力,似乎都是分工的结果,即建立在一定生产规模批量生产前提下的劳动分工能够有效提高企业的劳动生产率。在其研究的基础上,美国的保罗·萨缪尔森、英国的阿尔弗雷德·马歇尔等人提出、发展、并完善了规模经济理论。萨缪尔森在其著作《经济学》一书中指出,生产在企业里进行的原因在于效率,通常要求大规模的生产、巨额资金的筹集以及对正在进行的活动实行细致的管理与监督,他认为大规模生产带来的经济性是带来企业收益的最强有力因素。马歇尔于1890年发表《经济学原理》一书,书中详细阐述了规模经济理论的形成途径,并将其分为以企业内部通过优化要素组合而形成的"内部规模经济",以及通过行业优化布局而形成的"外部规模经济"。此外,他还进一步研究提出了规模经济报酬将依次经过规模报酬递增、规模报酬不变和规模报酬递减3个阶段的变动规律,即随生产规模不断扩大,企业生产要素组合将趋于合理,产量增加的比例大于生产要素增加的比例,有利于降低生产成本、增加成本效率,企业可以用更小的成本获得更大的产出,从而进一步获得更高的收益;随着规模的不断扩大,产量增加比例与要素增加比例将会逐渐持平,进入规模报酬不变阶段;再进一步扩大生产规模时,企业在管理费用、材料采购等方面的支出成本将超过由此带来的收益,产量增加比例小于要素增加的比例,此时,企业生产将进入规模报酬递减的阶段。

(3) 比较优势理论 比较优势理论(也称比较成本贸易理论)是大卫·李嘉图在亚当·斯密绝对成本理论的经济学研究基础上创立的一项经济学成本、贸易基础理论,对国际贸易、区域资源配置、成本优化、生产布局等方面的研究具有重要意义。亚当·斯密认为,生产的区域分工应该按照不同区域自然条件形成的绝对成本差异来进行，如此分工可以提高当地社会福利。大卫·李嘉图则是发展了绝对成本理论，并在《政治经济学及税赋原理》中首次提出了比较成本贸易理论（后者常称之为"比较优势理论"）。在一系列的假设条件前提下，比较优势理论认为：影响产品国际贸易的不是生产技术的绝对差别，而是相对差别，以及由此产生的相对成本的差别。每个国家都应根据"两利相权取其重，两弊相权取其轻"的原则，将生产资料、劳动力和资本等生产要素投入到相对成本较低的商品的生产上去，用产出的商品去交换相对成本较高的商品。李嘉图的比较优势理论对，但由于其理论是建立在一系列假设的前提之下，并没有考虑流通领域成本对劳动分工的影响，也假设了生产要素不能在国家、区域间自由流动。实际上这些情况都不是很符合实际情况。对此，赫克歇尔和俄林等人利用韦伯区位理论发展了李嘉图的比较优势理论，形成资源禀赋理论（H-O 理论）。他们从生产要素比例的差别而不是生产技术的差别出发，解释了生产成本和商品价格的不同，以此说明比较优势的产生。这个解释克服了斯密和李嘉图贸易模型中的局限性，认为资本、土地以及其他生产要素与劳动力一起都在生产中起重要作用并影响劳动生产率和生产成本；不同的商品生产需要不同的生产要素配置，而各国生产要素的储备比例和资源禀赋不同，正是这种生产资源配置或要素禀赋上的差别才是国际贸易的基础。对于成本优化研究而言，根据比较优势理论和 H-O 理论，在探索优化路径时，往往要关注不同区域的地理资源、气候条件、发展状况等先天的资源禀赋条件，有针对性地进行优化布局调整。

（4）成本效率理论　成本效率是指在产出既定的情况之下，以最小成本进行生产的能力或效率，即生产者生产某一单位产品时，理论上所需要投入的有效成本边界上最小成本与实际生产过程中投入的现实成本之间的比值。成本效率研究的意义在于，在生产过程中的投入品价格既定的情况下，生产者可以选择在产品产出既定时尽可能达到最小成本；或者选择优化生产要素配置在尽量减少生产成本的同时获得尽可能大的产出。假设生产者生产所投入的实际成本为 C，处于有效成本边界的最小成本为 $C_{\min}$，则成本效率可以表示为：$CE=C_{\min}/C$，CE 的取值区间为 $[0,1]$，这意味着产出相同的情况下，生产者节省的成本为 $(1-CE)\times C$。

成本效率理论是西方经济学效率理论的重要分支。最初，西方关于经济效率的研究仅仅停留在理论层面。法瑞尔是使用数学模型方法测度经济效率的先驱者，他在1957年发表的《生产效率度量》一文中首次提出生产效率的前沿测度方法，将生产效率的度量过程归于在既定的生产技术条件、市场价格下，实际投入和产出与理想状态下的投入和产出间的比较，包括技术效率和配置效率两个方面。技术效率反映在投入既定的情况下实际产出与潜在的最大产出之间的比值；配置效率则反映产出既定的情况下实际投入与潜在的最小投入之间的比值。

当前，国内外关于成本效率的分析方法主要有两类：一类是非参数方法，如数据包络分析法（Data Envelopment Analysis，DEA）；一类为参数方法，如随机前沿分析法（Stochastic Frontier Approach，SFA）。非参数分析方法，使用时不必借助具体的成本函数，而是直接通过具体的投入、产出指标数据进行拟合，确定成本前沿面，分析成本的可能性集合。DEA 是使用最多的非参数成本效率分析方法。该分析方法是利用数学规划原理，通过线性规划、对偶规划等方式评价多投入、多产出决策单元间的成本相对效率，后来 DEA 法经过不断完善，已形成多阶段 DEA 法。参数分析方法，则是根据某一生产函数的函数形式，构建出具体的前沿成本函数，在确定该前沿成本函数的相关参数后，根据前沿面测算出成本效率。SFA是效率分析中较为常用的参数分析方法。比较DEA和SFA两种方法，两者都是前沿度量方法，均以距离函数为基础。DEA方法相对简单，模型容易拓展且针对性强，但由于其数据来源稳定，分析过程中不存在随机误差，因而其将实际产出与前沿产出的差值单纯归结于技术效率，忽略了随机因素对产出的影响。SFA方法复杂，需确定前沿生产函数形式后进行分析，但相较DEA方法而言，其主要优点是考虑了随机因素对产出的影响。在现实的农业生产过程中，随机因素导致的误差是真实存在的，因此，SFA方法的分析过程更切合真实的农业生产过程。

1.4.2 相关文献综述

目前，学术界在粮食生产的成本与收益方面取得了较多研究成果，本研究主要是从粮食作物产品价格与粮食作物单产、粮食作物产品成本价格与投入要素价格、政府补贴政策与粮食生产外部经济环境、粮食生产的比较收益、规模化经营、粮食生产的技术进步模式等方面进行系统的文献综述，以期为本研究的开展提供坚实基础和有益借鉴。

（1）粮食作物产品价格、粮食作物单产与粮食作物节本增效　目前，学术界基于粮食作物产品价格、粮食作物单产的视角对粮食生产节本增效影响的研究表明，粮食作物产品价格是影响农民农业生产积极性进而影响粮食生产产出水平的关键因素，提高粮食作物产品价格是提高种粮收益从而保障国家粮食安全的有效政策手段。提高粮食价格是促进粮农增收的关键因素，提高粮食单产也是促进粮农增收的重要因素。曾福生和戴鹏（2011）对粮食生产收益的影响因素进行了研究，结果表明，价格是影响粮食生产变动最为关键的因素，提高粮食价格是提高粮食生产收益最为有效的手段，远大于其他因素对收益的影响。同时，提高粮食单产依旧是促进粮食生产收益的重要手段，但作用相对有限。苗珊珊和陆迁（2013）通过分析粮农生产决策行为的影响因素，结果发现粮农对粮食价格信号更为敏感，粮食价格对农户生产决策的影响程度大于单产纯收益的影响程度，农户更注重总收入最大化。由于直接补贴水平低或生产资料价格上涨等原因，粮食产量上升尤其是粮食价格上涨才是农民种粮收入增加的真正动力。粮食作物产品价格对小麦生产规模具有显著的正面效应，为提高粮食生产能力，政府应充分利用价格机制的生产调节作用。综上所述，粮食生产价格和单产均是影响粮农生产收益的重要因素，但由于直接补贴水平低以及生产资料价格上涨等因素，提高粮食单产对粮农增收的作用变得相对有限；提高粮食作物产品价格可以提高农民种粮积极性进而带动其扩大粮食生产规模并最终提高粮食的生产能力。

（2）粮食作物产品成本价格、投入要素价格与粮食作物节本增效　许多学者们通过对粮食作物产品成本价格的研究发现，粮食作物的生产资料价格和劳动力价格的不断上涨是影响粮食生产收益的重要因素。农资成本的不断上涨是影响粮食生产收益的重要因素，粮食生产成本是影响农户生产决策的重要因素，粮食作物生产中物质与服务费的稳定增长是阻碍粮食生产收益提高的主要因素。陈汉圣和吕涛（1997）分析了生产资料价格对农户种植决策的影响后发现，生产资料价格对农户粮食生产投入支出的影响呈扩大趋势，从而导致农户种粮意愿下降。万劲松（2004）认为粮食生产的现金成本对农户粮食生产决策的影响很敏感，决定农民种粮积极性的根本因素在于粮食生产所带来的各种总收入满足农民家庭的生活需要，而且推动粮食作物总成本上升的因素主要是劳动力机会成本、排灌费以及化肥和种子价格。市场机制可以通过价格来补偿粮食生产的总成本，但却无法补偿"收入机会成本"。控制生产资料价格是控制和降低粮食生产成本的关键。

对投入要素的研究中，大多数学者普遍认为，要素价格上涨、投入量增多是粮食生产成本增加、收入难以提高的主要因素。孔祥智等（2004）实证分析了投入要素等影响因素在小麦生产中的作用，结果表明，耕地是小麦生产最主要的投入要素，机械和水电等其他投入在小麦生产中起到越来越重要的作用；劳动和化肥投入存在过量的现象。土地作为日益稀缺的粮食生产的投入要素，其市场价格呈上升趋势，导致土地经营成本和机会成本迅速上升，土地成本是推动种植业总成本上升的主要因素。为提高土地的粮食生产能力而导致目前中国粮食生产中存在过量施肥的现象。化肥生产所需的能源原材料价格上涨致使化肥价格大幅度提高，进而使得粮食生产中化肥投入成本快速上涨，化肥费、机械作业费等涉及能源的成本因素是推动粮食生产成本上升的首要因素。蒋远胜等（2007）研究发现劳动力成本日益成为粮食生产的主要成本，不同粮食作物之间劳动用工价格有趋同的趋势。吴丽丽等（2015）研究发现随着要素禀赋的变化，特别是劳动力成本的上升，农业生产呈现明显的节约劳动倾向和"资本深化"迹象。

（3）政府补贴政策、粮食生产外部经济环境与粮食作物节本增效　除了上文所分析的粮食生产中的内部影响因素，国家补贴政策与外部经济环境则是粮食生产的重要外部影响因素。目前，关于国家粮食生产补贴对于农户节本增效作用的研究结论总体上一致，即国家粮食生产补贴对于农户节本增效具有正向作用，其差异在于补贴政策对农户节本增效影响的程度。粮食补贴政策对提高农民种粮净收益起到了一定的制度激励效应,降低了粮农的粮作经营制度成本,增加了其制度收益,但是影响不显著;直补政策相对于粮食价格和农业生产资料价格等因素对农民种粮净收益影响较小;直补政策对农户的种粮面积扩大、农民收入的增加均影响较小,对农户每亩(1亩≈667米^2)粮食生产的投入量没有影响。粮食补贴政策具有降低农户粮食生产的制度成本、增加其制度收益的双重功效,粮食补贴政策具体运作直接影响其政策绩效。刘爱民和徐丽明(2002)通过研究政策性成本对粮食生产收益的影响,认为政府通过农产品生产的直接补贴、反季节补贴和收购保护价政策,能够提高农产品的国际市场竞争力。但农户间粮食补贴差异较大,并且有随粮食生产面积的扩大而递减的趋势。翁贞林等(2010)研究发现种粮补贴对提高大户土地产出率和土地收益率有一定作用,认为通过对减少化肥、农药使用而生产的"绿色粮食"实行高额补贴,真正发挥种粮补贴对粮食增产和农户增收的双重效能。粮食生产外部经济环境,如经济周期对于粮食生产的成本产生显著的影响。蓝海涛和姜长云(2009)基于经济周期的视角研究发现化肥费、机械作业费等涉及能源的成本因素是推动粮食生产成本上升的首要因素,并且随着经济周期的变化,中国粮食生产成本呈现波浪形上升的态势。

(4)粮食生产比较收益与粮食作物节本增效 基于粮食生产比较收益的角度,有的学者主要从不同类型作物、不同经营规模、不同区域等方面展开。万劲松(2004)认为粮食比较成本是农户调整种植结构的主要依据,而且与油料、棉花、烤烟等大田作物相比,粮食生产的效益仍然最低。范成方和史建民(2013)指出,从整体来看,粮食相对油料、蔬菜及苹果的比较收益差距呈不断缩小趋势;提高投入产出效率是缩小单位成本比较收益差距的主要途径。闫丽珍等(2003)通过研究中国玉米主产地区的生产效益,发现我国玉米生产的单位面积成本存在明显的区域差异，造成这种差异的原因与我国各地资源禀赋、人口状况以及地方政策有着重要关系。唐茂华和黄少安（2011）通过对农产品成本收益核算体系的深入研究，发现小麦比较收益都不低，高粮食作物比较收益与低农民收入存在二元悖论，其根本原因在于小麦土地经营规模过小及非充分就业。

（5）规模化经营与粮食作物节本增效 目前，学术界关于规模化经营对粮食作物节本增效的研究主要着眼于降低粮食生产的生产资料成本和土地成本等方面，规模化经营有助于降低粮食生产的成本，从而增加农户收入。许庆等（2011）研究发现，我国粮食生产总体上而言是规模报酬不变的，但是扩大粮食生产经营规模能降低粮食作物生产的成本，有助于实现规模经济，农业经营规模的扩大有利于促进农民增收，获取规模经济效益是农户扩大经营规模的内生动力。规模较大的粮食生产经营户有动态增加粮食播种面积的行为取向，较大规模的粮食生产经营户更易于实现规模化经营收益，具有相对较高的内在动力从事粮食生产。周应恒等（2015）发现粮棉油等土地利用型作物的单产和价格上升空间有限，提高经营规模是降低产品单位成本、增加农民收入的重要途径。柴斌锋等（2007）认为玉米的成本和收益与土地的细碎化和土地等级有关，平原上的玉米比山区、丘陵上的玉米具有较高的成本收益率。郭晓鸣和董欢（2014）通过案例剖析发现"土地股份合作社农+业职业经理人+农业生产性服务"是具有显著西南地区区域特征的粮食适度规模经营模式，能够将土地流转交易成本内部化，不仅提升了耕地资源的配置效率，推动了粮食适度规模经营，同时进一步降低粮食作物生产的成本。桂华和刘洋（2017）通过分析江苏射阳县探索出"联耕联种"的实践，发现在避免土地流转的情况下，"联耕联种"能够实现分散农户的生产联合，取得粮食单产增加、农业生产成本降低、农民收入提升和保障农民就业的经济社会综合目标，是适应当前城镇化进程和技术进步条件下的双层经营体制创新。

（6）农业技术进步模式与粮食作物节本增效　目前，国内关于农业技术进步模式的研究主要集中在两个方面：一方面是从宏观层面对我国农业发展的技术进步模式进行定性分析。吴敬学（1997）通过诱导技术变革理论分析和对美日两国农业技术进步模式的实证考察，结合我国农业发展的现实状况指出现在或将来的很长一段时间，我国农业发展将以生物化学型技术进步模式为主。其他学者的研究结论也都比较类似，认为我国应选择以生物技术为主、机械化技术为辅的农业技术进步模式。王文昌等（2001）、朱晓玲和文刚（2004）也提出了类似观点，但他们的研究是针对我国西部地区，并将其称为"主辅双轨制"的技术进步模式。另一方面是利用诱导技术变革理论进行定量分析，从中微观层面对我国某一区域或某一农产品的技术进步模式进行判定。吴敬学（2007）对辽宁省农业技术进步模式进行了实证研究，王子军和吴敬学（2006）对我国小麦生产的技术进步模式进行了研究，结果均表明小麦生产以机械型技术进步为主。杨巍等（2009）利用我国早稻生产的技术进步模式进行了实证分析，认为我国早稻生产在进入21世纪以前以生物化学型技术进步为主，进入21世纪之后以机械型技术进步为主。王琛等（2014）实证分析了农业技术进步模式对我国粮食综合生产能力的影响。吴丽丽等（2015）运用要素生产率的二维空间相图增长分析法，分析和考察了农业的增长路径、技术进步偏向及其变化，研究发现我国农业增长基本上采取了劳动生产率导向型路径：以机械技术为主导的增长路径，而非生物化学技术；我国农业增长路径从以提高土地生产率为主的传统农业生产方式向以提高劳动生产率为主的现代农业生产方式转变。

上述文献的系统梳理对于本研究的开展具有较好的借鉴意义。在市场经济环境条件下，同类同质粮食作物产品的市场竞争表面上体现为价格竞争，但本质上是其生产成本的竞争，而粮食作物的生产成本最终决定于土地、资本、劳动等基本生产投入要素的效率。以上研究基于不同经济发展阶段的背景，由于土地、劳动力等生产投入要素的稀缺程度的差异，得出了不同甚至相左的研究结论。现有研究大多集中在对粮食作物产品成本与收益的直接描述，而对粮食作物产品成本与收益的相关影响因素分析较少，深入研究其成本与收益差异的文献尚不多，尤其是进行实证研究和系统理论分析的研究成果还不多见。

随着工业化和城市化进程的快速推进，我国粮食生产所面临的要素禀赋结构和相对价格正在发生着根本性的变化，粮食作物生产受土地、水源、气候、劳动力、生态环境等资源条件的刚性约束加剧，具体表现为耕地资源的减少、水资源的日趋短缺、水灾旱灾等自然灾害频发、农业劳动力减少与老龄化趋势并存、土壤状况恶化，这都使粮食作物生产投入要素的配置难度加大。2017 年中央一号文件《关于深入推进农业供给侧结构性改革加快培育农业农村发展新动能的若干意见》中明确提出，深入推进农业供给侧结构性改革，优化与资源禀赋相匹配的农产品产业结构，确保口粮绝对安全，着力推进农业提质增效。在我国经济发展进入新常态的背景下，为保障国家粮食安全，增加农民收入，对粮食作物如何节本增效进行研究显得尤为迫切和重要。因此，需要在一个比较完整的分析框架下对粮食作物生产的成本与收益进行深入的定量研究。本研究将在构建农业生产者从事粮食作物生产活动及其影响因素分析框架的基础上，重点从当前我国水稻生产的发展现状出发，深入研究水稻生产投入和产出的现阶段特点、动态特征，努力探究生产投入要素及其他因素对水稻生产收益影响的重要程度，进而分析水稻成本投入要素的诱导效应及增长机制、化肥等要素投入的过量使用程度以及水稻生产增长路径的判定等问题。通过以上研究以期能够准确判断影响水稻生产节本增效的关键因素，并有针对性地提出水稻生产节本增效、健康可持续发展的有效路径。

2 世界及典型国家水稻生产发展概况

2.1 世界水稻生产发展情况

水稻是全球非常重要的粮食作物之一,在满足人类食物营养方面做出了重要贡献,全世界约有50%的人口以稻米为主食。水稻在世界范围内的种植区域分布相对比较广泛,在世界五大洲均有不同规模种植,绝大部分分布在东亚、东南亚、南亚的季风区,其中约有90%的水稻生产来自亚洲。自20世纪90年代以来,世界水稻生产进入了快速稳定的发展时期,世界的水稻产量、种植面积和单产水平等各项指标都不断创造新高。本小节将根据联合国世界粮农组织统计数据库(FAOSTAT)的统计数据,从时间和空间两个研究维度出发,进一步分析不同时期、不同地区世界水稻生产的发展变化情况。

2.1.1 世界水稻产量变化情况

从2011—2017年世界水稻总产量的变化情况看(表2-1),由于受到人口增长拉动以及功能性消费增加等多种因素影响,世界稻米的消费量呈现不断递增的发展态势,从而导致世界水稻种植面积和产量整体也均保持着稳步增长的发展态势。世界水稻产量由2011年的72 637.63万吨逐步增加到2017年的76 965.78万吨,增长幅度达到了5.96%,年均增长率达到了0.97%。从2011—2017年世界各个地区水稻产量的变化情况看(表2-1、图2-1),除美洲和欧洲之外,非洲、亚洲和大洋洲的水稻产量也整体均保持着一定幅度的增长,分别由2011年的2 641.70万吨、65 776.75万吨和73.49万吨增加到2017年的3 656.03万吨、69 259.09万吨和82.02万吨,增长幅度分别达到了38.40%、5.29%和11.60%,年均增长率分别达到了5.57%、0.86%和1.85%。与此同时,尽管由于其他地区水稻产量增加,导致亚洲在世界水稻总产中所占的比重有所下降,由2011年的90.55%下降到2017年的89.99%,但亚洲目前依然是世界上水稻产量最大的主要产区。2017年,世界各个地区水稻产量所占比重大小排序依次为:亚洲(89.99%)、非洲(4.75%)、美洲(4.63%)、欧洲(0.53%)和大洋洲(0.11%)。

表2-1 2011—2017年世界及各地区水稻产量变化情况　　　　单位:万吨

年份	世界①	非洲	美洲	亚洲	欧洲	大洋洲
2011	72 637.63	2 641.70	3 708.65	65 776.75	437.02	73.49
2012	73 659.68	2 903.35	3 612.72	66 611.29	439.59	92.71
2013	74 250.49	2 875.01	3 602.56	67 252.77	402.98	117.17
2014	74 243.87	3 075.07	3 765.11	66 924.25	396.46	82.99
2015	74 533.79	3 084.93	3 680.08	67 276.23	422.43	70.12
2016	75 615.82	3 802.24	3 638.55	67 731.51	415.06	28.46
2017	76 965.78	3 656.03	3 563.49	69 259.09	405.15	82.02

数据来源:联合国世界粮农组织统计数据库(FAOSTAT)。

① 数据经单位换算总和可能出现较小误差,为尊重原数据,在此不做特别修改。全书同。

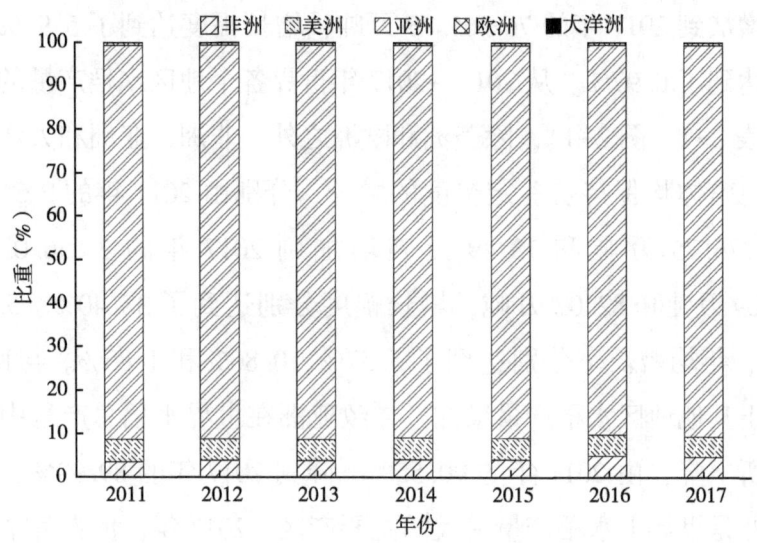

图 2-1 2011—2017 年世界各地区水稻产量所占比重变化情况

[数据来源：联合国世界粮农组织统计数据库（FAOSTAT）]

2.1.2 世界水稻种植面积变化情况

从 2011—2017 年世界水稻种植面积的变化情况看（表 2-2），世界水稻种植面积整体上呈现在波动中稳步增加的发展态势。世界水稻种植面积由 2011 年的 16 275.26 万公顷逐步增加到 2017 年的 16 724.91 万公顷，增长幅度达到了 2.76%，年均增长率达到了 0.46%。由表 2-2 和图 2-2 可以看出，2011—2017 年，除美洲和欧洲之外，亚洲、非洲和大洋洲的水稻种植面积整体也均保持一定幅度的增加，分别由 2011 年的 14 452.07 万公顷、1 051.00 万公顷和 8.03 万公顷增加到 2017 年的 14 553.92 万公顷、1 495.97 万公顷和 8.74 万公顷，增加幅度分别达到了 0.70%、42.34% 和 8.91%，年均增长率分别达到了 0.12%、6.06% 和 1.43%。但与此同时，世界各个地区水稻种植面积所占的比重也发生了一定的变化。虽然近几年来非洲和大洋洲的水稻种植面积有了较快速度增长，但是由于其水稻种植面积在世界水稻种植面积中所占据的比重相对较小，因此，亚洲目前依然是世界水稻种植面积最大的主要产区。非洲和和大洋洲分别由2011年的6.46%和0.05%增加到2017年的8.94%和5.98%，而美洲、亚洲和欧洲则分别由2011年的4.25%、88.80%和0.44%下降到2017年的3.60%、87.02%和0.38%。

表2-2 2011—2017年世界及各地区水稻种植面积变化情况　　单位：万公顷

年份	世界	非洲	美洲	亚洲	欧洲	大洋洲
2011	16 275.26	1 051.00	691.85	14 452.07	72.30	8.03
2012	16 264.52	1 202.51	656.43	14 327.08	67.82	10.68
2013	16 521.68	1 252.90	651.10	14 541.02	64.91	11.76
2014	16 414.17	1 295.19	658.31	14 388.72	63.96	7.99
2015	16 237.69	1 303.96	619.43	14 241.64	65.28	7.37
2016	16 521.92	1 605.83	616.70	14 229.33	67.00	3.08
2017	16 724.91	1 495.97	601.98	14 553.92	64.30	8.74

数据来源：联合国世界粮农组织统计数据库（FAOSTAT）。

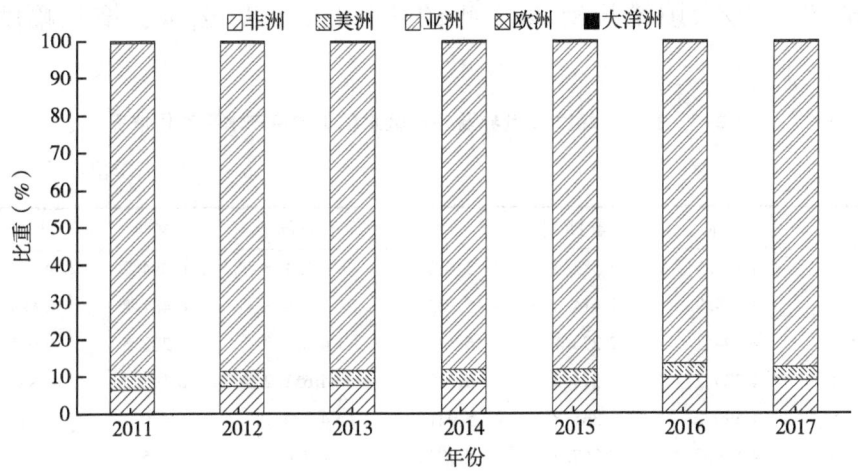

图2-2 2011—2017年世界各地区水稻种植面积所占比重变化情况

[数据来源：联合国世界粮农组织统计数据库（FAOSTAT）]

2.1.3 世界水稻平均单产水平变化情况

从 2011—2017 年世界水稻平均单产水平的变化情况看（表 2-3、图 2-3），世界水稻平均单产水平整体呈现在波动中稳步增长的发展态势。世界水稻平均单产水平由 2011 年的 4 463.1 千克/公顷稳步增长到 2017 年的 4 601.9 千克/公顷，增长幅度达到了 3.11%，年均增长率达到了 0.51%。与此同时，通过各个地区之间的横向比较还可以发现，除非洲之外，美洲、亚洲、欧洲和大洋洲的水稻平均单产水平整体均呈现不同程度的增长，并且均高于世界水稻平均单产水平。其中，大洋洲是世界水稻平均单产水平最高的地区，由 2011 年的 9 153.2 千克/公顷增长到 2017 年的 9 379.2 千克/公顷，增长幅度达到了 2.47%，年均增长率达到了 0.41%；位居第二位的欧洲，由 2011 年的 6 033.7 千克/公顷增长到 2017 年的 6 301.0 千克/公顷，增长幅度达到了 4.24%，年均增长率达到了 0.69%；位居第三位的美洲，由 2011 年的 5 360.5 千克/公顷增长到 2017 年的 5 919.6 千克/公顷，增长幅度达

表 2-3 2011—2017 年世界及各地区水稻平均单产水平变化情况

单位：千克/公顷

年份	世界	非洲	美洲	亚洲	欧洲	大洋洲
2011	4 463.1	2 513.5	5 360.5	4 551.4	6 044.7	9 153.2
2012	4 528.9	2 414.4	5 503.6	4 649.3	6 481.8	8 681.2
2013	4 494.1	2 294.7	5 533.1	4 625.0	6 208.5	9 960.1
2014	4 523.2	2 374.2	5 719.4	4 651.2	6 198.3	10 389.5
2015	4 590.2	2 365.8	5 941.1	4 723.9	6 470.7	9 514.5
2016	4 576.7	2 367.8	5 900.1	4 760.0	6 195.4	9 250.1
2017	4 601.9	2 443.9	5 919.6	4 758.8	6 301.0	9 379.2

数据来源：联合国世界粮农组织统计数据库（FAOSTAT）。

到了 10.43%，年均增长率达到了 1.67%；位居第四位的亚洲，由 2011 年的 4 551.4 千克/公顷增长到 2017 年的 4 758.8 千克/公顷，增长幅度达到了 4.56%，年均增长率达到了 0.75%；而位居第五位的非洲，则是由 2011 年的 2 513.5 千克/公顷下降到 2 443.9 千克/公顷，下降幅度达到了 2.77%。

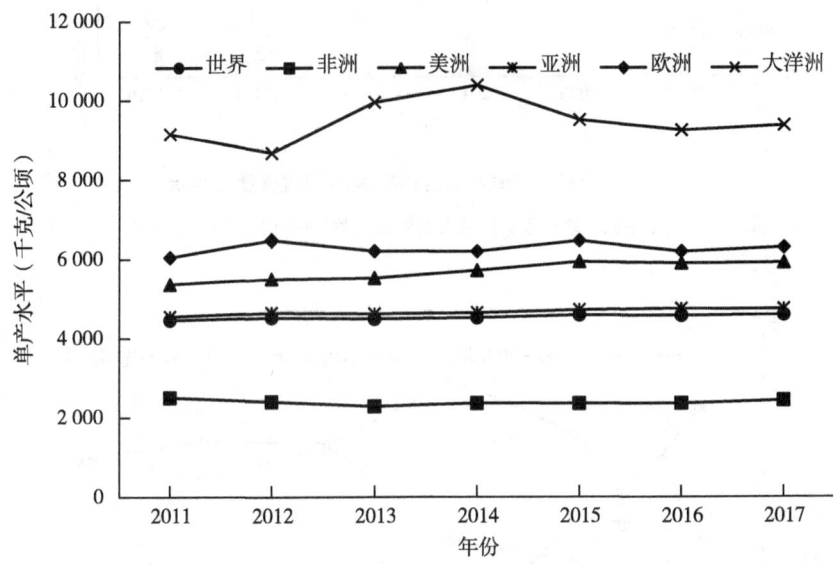

图 2-3 2011—2017 年世界及各地区水稻平均单产水平变化情况

[数据来源：联合国世界粮农组织统计数据库（FAOSTAT）]

2.1.4 世界大米国际贸易变化情况

从世界大米国际贸易的变化情况看（图 2-4），近年来世界大米的国际贸易规模有所缩减，且具有出口国相对集中而进口国较为分散的显著特点。2016 年，世界大米的国际贸易量和国际贸易额分别为 7 849.11 万吨和 417.79 亿美元，分别比 2015 年减少 4.33% 和 9.61%。其中，大米出口量为 4 026.65 万吨，比上年减少 5.07%，大米主要出口国家为泰

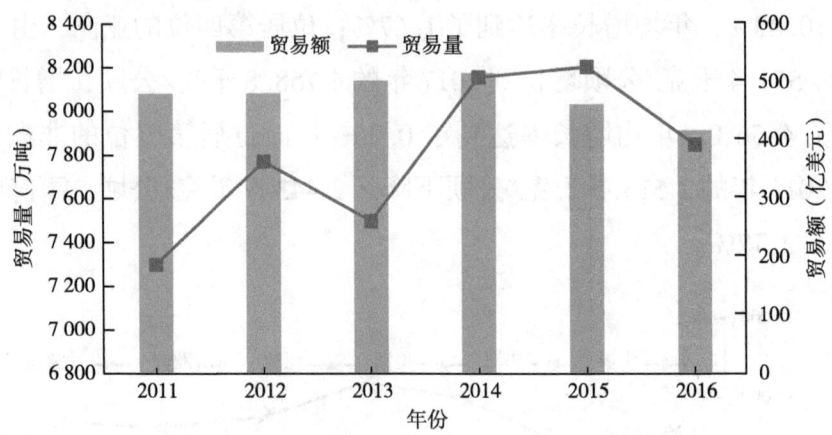

图 2-4　2011—2016 年世界稻米国际贸易变化情况

［数据来源：联合国世界粮农组织统计数据库（FAOSTAT）］

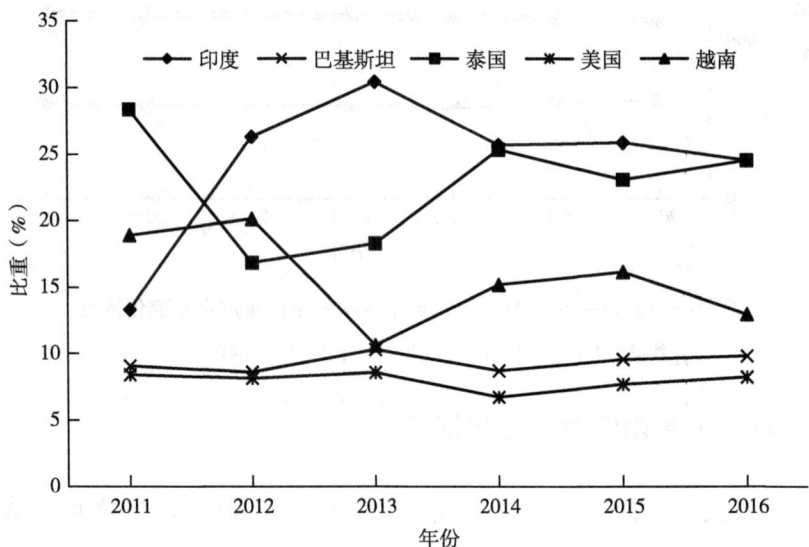

图 2-5　2011—2016 年世界主要国家稻米出口量所占比重变化情况

［数据来源：联合国世界粮农组织统计数据库（FAOSTAT）］

国、印度、越南、美国和巴基斯坦，其出口量分别占世界大米出口量的 24.51%、9.80%、24.51%、8.23% 和 12.94%（图 2-5）；稻米进口量为

3 822.46万吨，比上年2015年减少3.52%，稻米主要进口地区为亚洲和非洲，分别占世界稻米进口量的41.02%和33.10%（图2-6）。

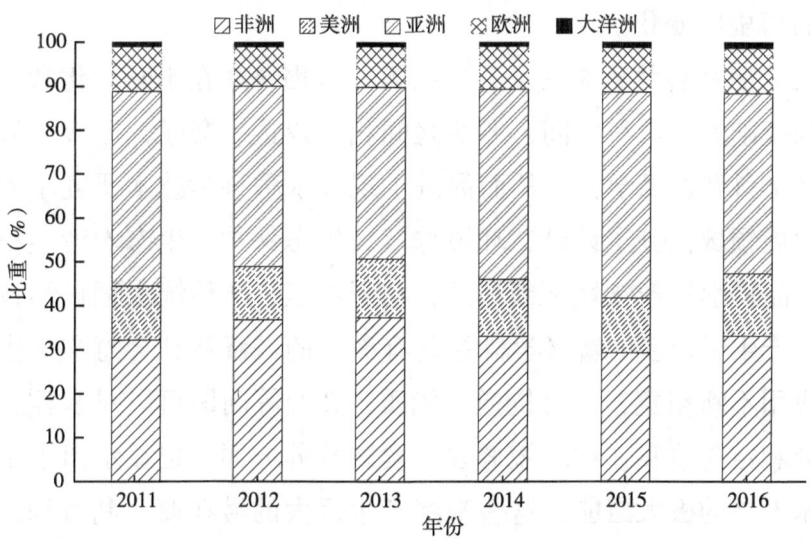

图2-6 2011—2016年世界各地区稻米进口量所占比重变化情况

[数据来源：联合国世界粮农组织统计数据库（FAOSTAT）]

2.1.5 世界水稻科技发展现状及特点

进入21世纪以来，世界水稻科技呈现日新月异的飞速发展，同时也呈现新的发展特点。目前，以追求高效高产、营养健康、绿色环保、可持续发展为目标的新型现代水稻科学技术体系正在加速形成，并呈现其鲜明的特点。

（1）科技革命诱致水稻科技新变化 现代科学技术，特别是生物技术领域中的功能基因组学、生物信息学、蛋白质组学等新学科和新研究领域获得快速发展，从而使得人类对生命本质、生物进化与起源的认识不断深化，生物遗传设计、食物营养与人类健康控制等进入了一个崭新的时代。在探索水稻生长奥秘、水稻生命的本质、稻种起源等方面正在向着前所未有的深度发展，并由此带来了深刻的水稻科技革命，使得传统水稻科技的概念、内涵和外延正在发生深刻的历史性变化。

（2）水稻科技研究领域不断拓展　水稻科学在不断分化和吸收新营养的基础上，学科之间、专业之间相互渗透、交融，形成了许多新的交叉学科和边缘学科，从而促进了现代水稻科学技术研究不断拓展新的发展领域，分子设计、环境修复、生态保护、生态农业、精准农业、食品科学等新领域不断涌现，精彩纷呈，与传统水稻科学技术相结合，产生了众多的新兴学科并具有深远的经济和社会意义。生物技术的应用不断拓宽，针对抗逆、优质、高产等问题可以对水稻进行遗传设计和定向改良。在环境修复、食物营养方面，也显示出了水稻科学技术发展的极大潜能，这些都将产生巨大的潜在商业利益和发展机会，带来了难以估量的经济效益和社会效益，并促进新的水稻产业的生产方式、伦理、观念和文化的产生，进而发生影响深远的社会革命。

（3）水稻技术组合集成　在解决水稻某一重大问题时，越来越需要不同学科和专业之间多方面相互联合协作。例如，优质高效高产多抗水稻新品种的选育，需要种质资源、遗传育种、生物技术、生理生化、植物保护、土壤肥料、生态环境、数理统计、信息技术等不同学科领域技术专家的协同与合作。同时，现代水稻技术要求在主要技术环节和总成方面的集成与应用，如水稻病虫害综合防治技术、设施农业技术、农产品加工技术、全程质量控制技术等都是技术集成应用的典型，这种趋势还在继续发展。

（4）水稻科学技术应用信息化　信息技术特别是数字技术对水稻产业的科研、生产、经营、流通、管理、服务等领域的发展正在产生深刻的影响。数字水稻、精准施肥、精准施药等技术已经成为新的研究热点和发展前沿，水稻科技信息化技术和数字化手段，预期将彻底改变水稻科研的组织方式和传统水稻的生产经营面貌。

（5）科技研究组织方式规模化　现代水稻科技愈来愈呈现鲜明的大学科特点，功能基因组学、生物信息学、蛋白质组学等前沿学科的发展日新月异，推动了一系列新兴技术领域、技术标准、技术平台、技术专利、知识产权、技术工艺和新兴产业的产生和发展，其工业化、系统化、智能化、网络化、集约化、一体化的研究和组织方式，专业化分工、产业化组织、社会化写作、企业化管理、规模化经营、海量数据处理和计算等特征，带来了水稻科技传统研究方法、技术路线、组织方式的革命，使得现代水稻科技不再是科技人员个人的事情，而是规模化、社会化、组织化、国家化、国际化、网络化的协作和合作的群体行为。

（6）水资源高效利用　在可持续发展的理念和原则下，实现人类社会的经济发展、文明进步，提高资源的利用率，保护生态环境，保护生物多样性，是经济和社会发展的要求。以耗水著称的水稻生产，也成为现代水稻技术研发必需的约束条件和追求的目标之一，旱稻技术迅猛发展，节水型水稻生产技术成为新宠，水稻生产的水资源高效利用技术广泛应用。

（7）水稻科技产业化　现代水稻科学技术本身正在成为重要的高技术产业。现代种业、食品制造、设施农业、生物肥料、生物农药、数字化农业信息服务、稻作文化产业、稻田旅游观光业等农业新兴产业正在快速崛起，并出现了研究、开发、产业一体化的新兴经济发展模式。

2.2 国外典型国家水稻生产发展情况

2.2.1 日本水稻生产发展情况

日本是世界上水稻生产历史悠久的国家之一，但是自然资源条件并不优越，其人均水田面积仅为534 米^2。深受国民稻作文化的影响，日本重视水稻的方方面面，其水田种植率达到了90%以上，稻米自给率达到了95%以上，并有一定数量的出口，这是世界其他国家所少有的，日本水稻生产对于该国农民生产与生活至关重要。

（1）日本水稻生产 在水稻种植面积、单产和总产方面。根据日本农林水产省的数据分析，自20世纪60年代以来，日本的人均GDP不断增加，2000年以来，人均GDP比20世纪60年代增加了38倍。在经济增长的同时，日本的消费结构也发生了变化，稻米的消费量逐年下降。虽然20世纪60年代以来日本水稻单产水平起点较高且逐年不断提高，但是由于水稻种植面积持续缩减、单产水平提高速度相对缓慢等因素，导致日本水稻总产量呈现逐年下降的发展态势。目前日本水稻种植面积基本维持在每年170万公顷左右，稻米产量每年维持在870万吨左右（表2-4、图2-7）。

表2-4 日本不同发展阶段GDP与水稻面积、单产及总产量的年平均值

阶段	人均GDP（美元）	水稻面积（万公顷）	单产（千克/公顷）	总产量（万吨）
1960—1969	954.9	310	3 980.3	1 250
1970—1979	4 783.9	270	4 489.5	1 190
1980—1989	14 562.5	220	4 813.0	1 070
1990—1999	33 738.6	200	5 013.8	1 010
2000—2014	37 448.0	170	5 278.0	870

数据来源：日本农林水产省统计数据。

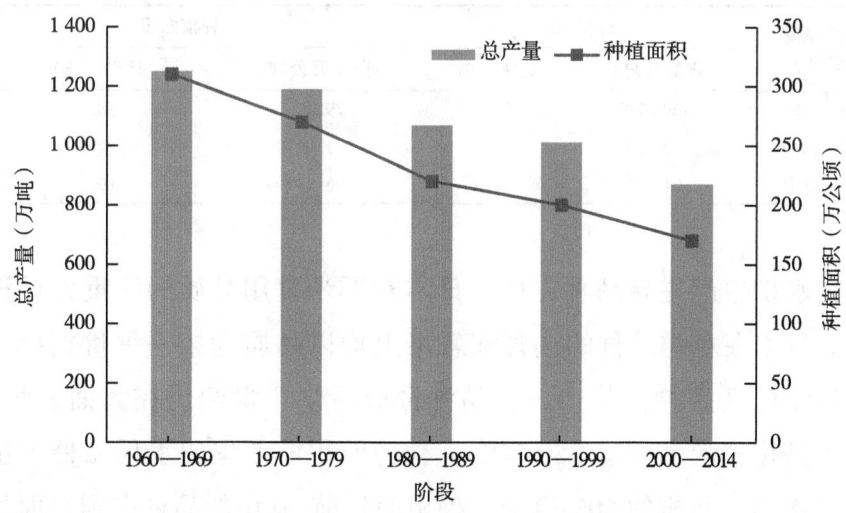

图 2-7 不同发展阶段日本水稻生产情况

（数据来源：日本农林水产省统计数据）

在水稻生产方式与规模方面。随着社会经济的发展，日本社会劳动力结构发生变化，从事农业劳动的人口数量下降，在20世纪70—80年代劳动人口下降幅度最大，劳动人口的减少导致水稻种植户数量大幅下降，日本专业水稻种植户占农户总数的15%左右，而兼业水稻种植户占农户总数的85%。21世纪以来，日本水稻种植农户数量比20世纪60年代下降了70.6%，主要是兼业水稻种植户数量下降造成的。水稻种植农户的减少导致日本水稻种植面积逐渐下降。目前日本水稻种植以小规模散户为主，种植面积在2公顷以下的农户占了93.5%，其总种植面积占日本水稻总种植面积的55%以上（表2-5）。

表 2-5　日本水稻种植规模（2014 年）

种植规模（公顷）	种植农户		种植面积	
	数量（户）	比例（%）	面积（万公顷）	比例（%）
0~2.0	1 093 797	93.5	79.4	58.1
2.0~10.0	62 244	5.3	31.0	22.6
10.0 以上	13 256	1.2	26.4	19.3

在水稻生产主导品种方面。日本对稻米食用品质的注重大过稻米产量。日本在水稻品种的选育和栽培上均以品质为第一评价指标，培育了许多优良品种，其中一些品种育成后半个世纪仍在大面积种植。日本商品化稻米品种有 250 多个，种植面积前 5 位的水稻品种种植面积占了水稻总面积的 60% 以上，种植面积前 10 位的品种占到总面积的 76%。"越光"是目前日本种植面积最广的优质稻品种，其稻米垩白度小于 1%，蛋白质含量在 6.4% 左右，直链淀粉含量小于 20%，稻米黏度高，碱消值低，外观和口感深受民众喜爱，自 1979 年取代日本晴后，其种植面积逐渐增加，至 2014 年其种植面积已连续多年位于日本水稻首位，近 10 年来其种植面积维持在总面积的 37% 左右，比种植面积排第二的"一见钟情"高 25.1 个百分点。由于其优异的稻米品质，"越光"成为日本水稻育种的主要资源，种植面积居"越光"之后的几个水稻品种都以"越光"为亲本育成，如"一见钟情""阳之光""秋田小町"等。优异的水稻品种资源奠定了日本优良的稻米品质基础。

（2）日本水稻流通　在稻米消费量及消费结构的变化方面，日本稻米消费量总体呈下降趋势，每年消费量减少约 8.0 万吨。目前日本政府稻米储备量约为 100.0 万吨，可满足 1.5 个月的市场需求，稻米供需平衡。随着经济的发展和生活水平的提高，大米人均消费量下降较快，人均每年下降0.5千克，从20世纪60年代的109.3千克到现在的60.6千克，下降了将近50%。日本国内生产的大米95%以上作为主食。稻米过剩和人均消费量的下降，促进了相关稻米消费产业的发展，如工业加工用米、饲料用米等，其中饲料用米增加幅度最大，近年来有逐渐增加趋势，并出现了专门针对饲料用米水稻品种的研究。

在稻米流通渠道方面，20世纪60年代末，由于稻米生产过剩，日本建立了"政府米"和"自主米"并存的稻米流通机制。随着稻米产业的发展，日本稻米自给率逐步提高，政府统购调配稻米数量显著下降，市场自由流通的"自主米"数量逐步上升。目前，"自主米"流通已占到流通市场的90%以上，政府库存占不足10%。日本稻米流通一直存在着小规模生产和大市场之间的矛盾，通过政府和农协的共同努力，建立了以农协和批发市场为中心的流通渠道，有效地解决了稻米流通中的矛盾，提高了稻米流通效率。日本农协是一个民办官助的经济实体，是农产品流通体系中的关键性组织，提供协调农民生产，进行初级产品加工和销售，以及为农户提供产前科技支撑、产中指导、产后销售等服务，农协的一体化服务减少了稻米流通中间环节。日本稻米市场流通量占生产总量的70.0%以上，农户自己消费加工用糙米占20.0%，在市场流通的稻米中，通过农协的流通量占市场流通总量的61.7%。另外，日本市场流通糙米中接近38.3%为生产者直接销售，这种流通方式下农户收益比通过农协流通收益高50.0%。这种以农协为主、直销为辅的大米自由流通模式在流通过程中竞争压力较小，流通效率较高，生产者成了生产流通体系中最大的受益者。在稻米流通体系中，日本政府完善了稻米信息可追溯制度，稻米信息实现了全方位公开，消费者对稻米的生产加工品质能做到全面了解，消费者对生产厂家的信任度较高。

2.2.2 泰国水稻生产发展情况

泰国是世界上水稻生产发展历史悠久、自然资源条件良好的水稻产业大国,水稻生产对于泰国农民生产与国民生活至关重要。水稻是泰国最主要的粮食作物,44%的农业用地种植水稻,66%的农户从事水稻生产。对泰国而言,水稻不仅是主要的食物和营养来源,水稻生产也是其传统文化的重要组成部分。因为水稻在泰国的特殊重要地位,2006年3月泰国农业与合作部设立了专门的水稻司,负责全国水稻生产管理和科技研发,其主要职能包括选育高品质水稻品种并推广,研究水稻生产技术,生产高质量水稻种子满足生产需要,培训农民提高其技术水平,研发稻米产品提高其附加值。

(1) 泰国水稻生产 在水稻面积与产量方面,泰国年均农作物播种面积共 2 080 万公顷左右,近年来水稻播种面积维持在 1 000 万公顷以上,但平均产量不到 3 吨/公顷,稻谷总产量维持在 3 000 万吨左右(表2-6、图2-8)。稻田按灌溉条件分为 4 种生态类型:低洼雨养田 720 万公顷,占 72%;低洼灌溉田 200 万公顷,占 20%;深水田 50 万公顷,占 0.5%;旱田 30 万公顷,占 0.3%。

表 2-6 2013—2018 年泰国水稻生产情况

年份	种植面积 (万公顷)	平均单产 (吨/公顷)	总产量 (万吨)
2013	1 297	2.93	3 800
2014	1 234	2.98	3 676
2015	1 064	2.79	2 966
2016	1 021	2.78	2 835
2017	1 111	2.76	3 069
2018	1 140	2.98	3 398

数据来源:根据泰国农业经济办公室公布的数据整理得出。

2 世界及典型国家水稻生产发展概况

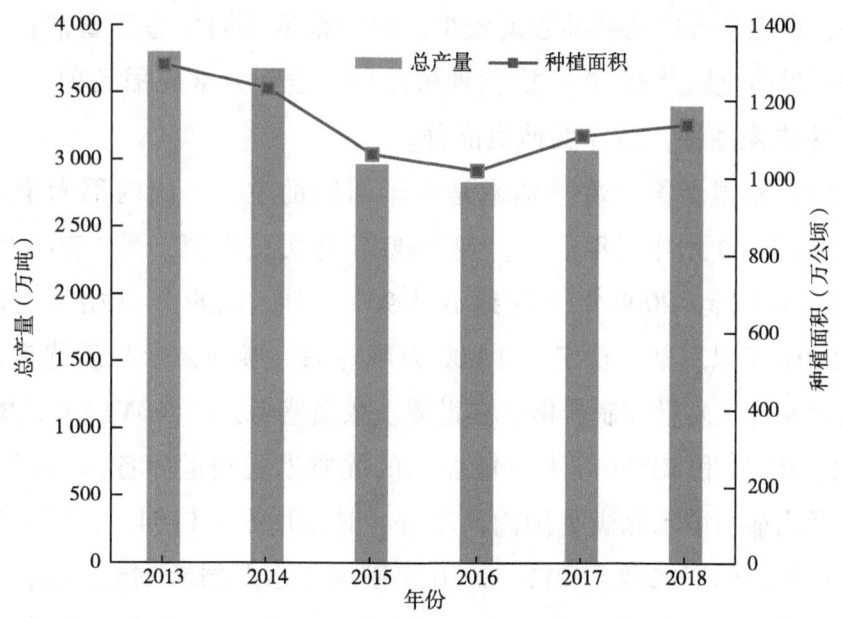

图 2-8　2013—2018 年泰国水稻生产情况
（数据来源：根据泰国农业经济办公室公布的数据整理得出）

在水稻生产季节方面，泰国水稻生产分雨季和旱季。雨季从 5 月至 10 月，旱季从 11 月至次年 4 月。雨季是水稻的主要生产季节，主要种植感光型水稻，平均种植面积 1 000 万公顷左右，平均产量 2.7 吨/公顷左右。旱季为次要生产季节，主要种植非感光品种，平均种植面积 250 万公顷左右。旱季种植的水稻田灌溉等田间基础设施较好，平均产量较雨季高，可达 4 吨/公顷以上。在全部水稻田中，只有不到 20% 的稻田有灌溉条件，80% 以上的稻田为天水田，只能在雨季种植一季水稻，季风雨是雨季水稻的唯一水源。

在主要种植品种方面。根据不同生态区特点，泰国水稻司在全国共设立 28 个水稻研究中心和 23 个种子生产中心，由这些机构负责水稻的品种选育、种子生产与推广。泰国对水稻品种的审定和推广比较严格，审定和推广的品种数量较少，政府根据不同生态类型推荐种植品种。目前全国共有53个推荐种植品种，全部为常规稻品种。其中，27个为农家品种，26个为改良品种。

（2）泰国水稻流通　稻米是泰国居民的主食，国内稻米消费从1988年的600万吨逐年上升，到2000年达历史峰值，为1 200万吨，以后逐年下降，2008年下降到不足900万吨。2009年开始又缓慢上升，2010年以后基本稳定在1 000万吨左右。泰国稻米品质优良，加工技术先进，质量控制严格，在世界上久负盛名，以KDML105、RD6、RD15、RD21和RD23等为原粮加工的优质米受到世界各国的广泛欢迎。因此泰国稻米除满足国内需求外，其余用来出口创汇，稻米出口是其重要的创汇来源。2011—2016年平均年出口稻米875万吨，创汇50亿美元左右，其中2011年出口稻米1 067万吨，创汇84.61亿美元（图2-9）。泰国稻米主要出口目的地为非洲、亚洲。2010年出口前10

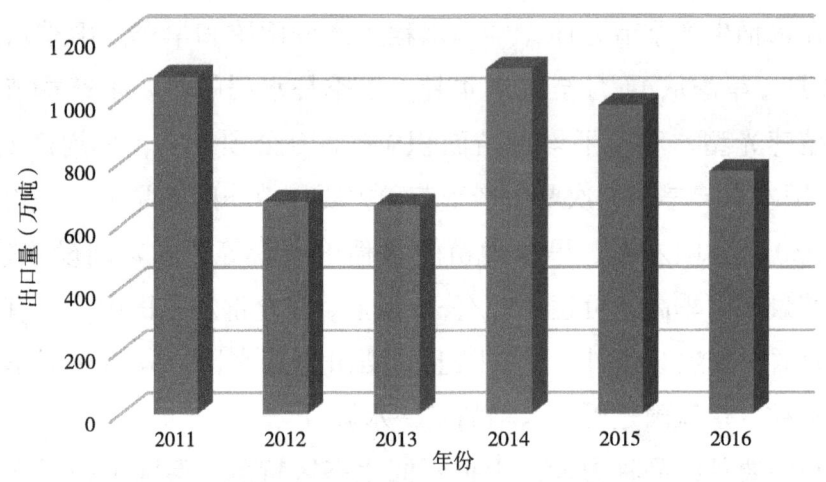

图2-9　2011—2016年泰国稻米出口量变化情况

（数据来源：根据泰国海关署信息和通信技术合作部公布的数据整理得出）

位的目的国依次为尼日利亚、科特迪瓦、南非、菲律宾、伊拉克、贝宁、美国、日本、印度尼西亚和塞内加尔。出口稻米的种类分白米、蒸谷米、糯米和香米（分为 Thai hommali rice 和 Patumthani fragrant rice）。在出口的稻米当中，高档米占 45.7%，中档米占 12.2%，普通米占 22.1%，蒸谷米占 20.0%。

2.2.3 越南水稻生产发展情况

越南是一个经济以农业为主的国家，65%的人靠农业维持生计，稻米是越南人的主食。水稻是越南最重要的粮食作物，是世界上仅次于中国的水稻生产大国，其产量约占粮食总产量的 85%，水稻生产在农业生产中具有极其重要的作用。越南的自然条件非常适合水稻生长，每年可播种 2~3 季水稻，分春季、夏季和秋季。春季（旱季 1—6 月）杂交水稻面积占 8%~10%，由于雨季（6—10 月）白叶枯病和稻瘟病等病虫害严重，导致雨季基本上全部是常规稻，极少量杂交稻。越南现有 63 个省市区，根据越南地形、土壤和气候条件，将水稻种植区域划分为红河平原地区、北部山区和中游地区、中北部及中部沿海地区、西原地区、东南部地区和九龙江平原地区。其中，红河平原地区和九龙江平原地区是越南最重要的水稻生产区。2016 年，越南水稻播种面积为 779.32 万公顷，其中九龙江平原地区占全国水稻总播种面积的 54.11%，中北部及中部沿海地区占 15.91%，红河平原地区占 14.25%，北部山区和中游地区占 9.00%，西原地区和东南部地区播种面积都不大，且分布比较零散，总共约有 53.16 万公顷，占全国水稻种植面积的 6.82%。

（1）越南水稻生产　一方面，水稻种植面积整体稳定增长。越南通过"2010 年面向 2020 年高新技术农业区发展规划"，水稻种植面积迅速增加，并稳定达到760万公顷以上。同时，越南加大对抗洪防旱等基本设施的投入力度，使九龙江平原地区的深水稻生态区转变为灌溉稻生态区。生育期短的水稻品种的推广，提高了水稻复种指数，积极引进并大力推广国际水稻研究所的新品种和中国的杂交水稻。水稻种植面积不断增加，2013年创历史新高，达790.28万公顷。近些年，越南中部和南部遭受百年来最为严重的干旱和海水入侵等自然灾害，导致水稻种植面积有所减少，但仍保持在760万公顷以上（表2-7、图2-10）。另一方面，水稻单产和总产量水平整体稳步提升。从2000年开始，越南水稻生产步入稳步发展阶段，单产水平有了实质性的飞跃，增加到4~5吨/公顷，总产量达到3 000万~4 000万吨。2015年，越南水稻单产和总产量分别达到5.65吨/公顷和4 509.56万吨（表2-7、图2-10）。2016年，越南九龙江平原地区遭遇百年不遇的自然灾害，导致当年越南水稻单产和总产量水平有所下降，分别为5.57吨/公顷和4 360.10万吨。

表2-7 2010—2016年越南水稻生产发展情况

年份	种植面积 （万公顷）	单产 （吨/公顷）	总产量 （万吨）
2010	748.94	5.22	4 000.56
2011	765.54	5.42	4 239.83
2012	776.13	5.51	4 373.76
2013	790.28	5.46	4 404.05
2014	781.65	5.63	4 497.42
2015	789.22	5.65	4 509.56
2016	779.32	5.57	4 360.10

数据来源：2015年越南国家统计局和《2016年越南国家统计年鉴》。

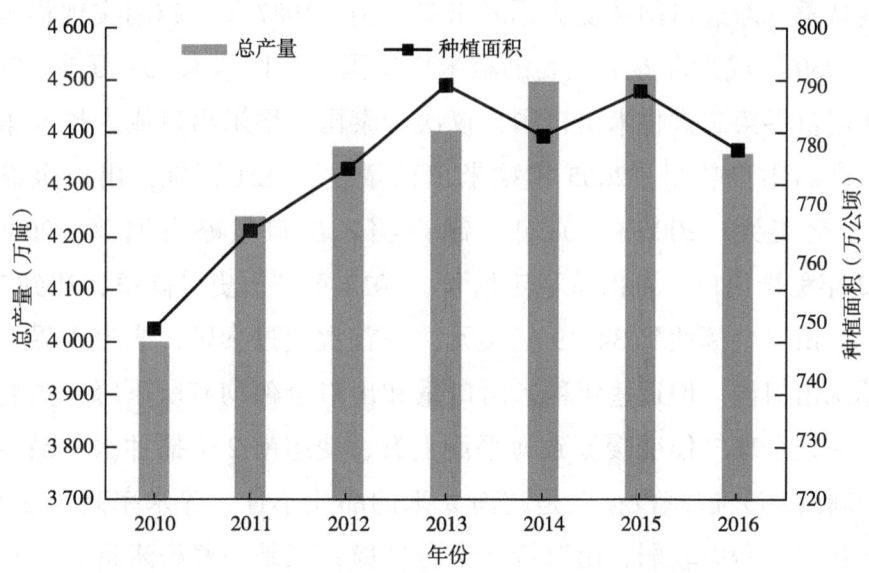

图 2-10　2010—2016 年越南水稻生产发展情况

（数据来源：2015 年越南国家统计局和《2016 年越南国家统计年鉴》）

此外，特殊的历史原因和气候环境导致越南南北方种植的水稻品种类型以及水稻生产方式有明显差异，地方水稻品种资源丰富。2000—2001 年全国播种水稻品种资源调查显示，越南当时有 676 个水稻品种，可分为国内选育品种、国外引进品种、地方品种 3 类。其中：国内选育的水稻品种有 370 个，年播种面积 255.54 万公顷，其中已审定注册的品种为 74 个，年种植面积 188.75 万公顷；国外引进水稻品种有 119 个，年播种面积 287.67 万公顷，其中已审定注册的 19 个，年播种面积 192.35 万公顷；地方品种 187 个，年播种面积 40.52 万公顷。

（2）越南水稻流通　越南海关总局稻米进出口的数据显示，越南主要出口稻米，进口水稻品种。1986 年后，水稻播种面积的扩大、复种指数的提高以及国际水稻新品种的引进使越南水稻总产量不断增加，越南从稻米净进口国转变为稻米出口大国。1987年，越南实现稻米出口，1989年成为世界上主要的稻米出口国，出口稻米137万吨。2004年跃居世界第二大稻米出口国，仅次于泰国。稻米出口成为越南第二大农产品出口项目。2005年稻米出口量达到521万吨，出口金额为12.79亿美元；2006—2008年，越南稻米出口量略有回落；2009—2012年稻米出口一直保持稳定增长，2012年创历史最高值，达到772万吨，出口金额达到34.49亿美元，并首次超过泰国，成为世界第一大稻米出口国。但近些年稻米出口量和出口金额均有所下降，主要原因：一是全球气候变暖导致海平面上升，使越南2个播种水稻最多的平原耕地部分被淹没；二是越南大米的品质不佳，碎米率高于25%，稻米出口竞争力较弱，出口价格十分低廉；三是一些稻米进口国也相应地减少了进口量。

3 我国水稻产业发展概况

中国是世界上人口最多的国家，有60%以上的人口以大米作为主食，中国也成为世界上稻谷消费最多的国家。一方面，出于粮食安全和国家战略安全的考虑，国内水稻消费能由国内生产满足是最优选择。另一方面，即使一部分依靠进口，世界其他国家水稻出口也很难满足中国的水稻消费，而且还要受到国际水稻价格的影响。因此，作为我国三大主粮之一的水稻，在我国的粮食生产中占有十分重要的地位。水稻产业的平稳发展对我国的粮食安全有着至关重要的作用，同时也是提高农民收入、保证国民生活、维护国家安全的重要手段。

3.1 我国水稻种子生产情况

国以农为本，农以种为先。优良的水稻品种是保障水稻优质高产的基础，水稻品种对于提高水稻的单产和质量起着至关重要的作用，选用优质、高产、抗逆性强的品种是保证水稻产量和质量的重要基础，特别是在目前的水稻生产和市场形势下，人们对水稻的产量和品质的要求越来越高，更需要我们日益重视品种的更新换代，推广运用优良水稻品种。

3.1.1 水稻品种审定与推广

从水稻品种审定情况来看，随着国家相关部门对主要农作物品种审定绿色通道政策的实施，审定品种数量呈现"井喷式"增长（表3-1）。2017年通过国家审定的水稻品种数量达到178个，大幅增加112个，几乎是2016年国审品种数量的3倍。其中，杂交籼稻品种160个，同比增长171.2%；由绿色通道通过审定的品种数量为97个，占比60.6%，比2016年增加84个。从品种选育类型看，长江中下游稻区中、晚稻品种占比高达98.2%，主要是早稻比较效益低、劳动强度大，品种选育方向也逐步适应"双改单"趋势；2016年起企业的选育品种数量明显增加，2017年达到150个，比2016年增加101个，占比高达93.8%。

表3-1　2013—2017年国家审定水稻品种数量与类型　　　　单位：个

年份	审定总数	常规籼稻	常规粳稻	杂交籼稻	杂交粳稻
2013	43		6	34	3
2014	46	1	10	35	
2015	53		9	42	2
2016	66		6	59	1
2017	178	1	12	160	5

数据来源：国家水稻数据中心。

从水稻品种推广情况来看，2017年，杂交水稻推广面积在10万亩以上的杂交水稻品种有523个，推广总面积为17 735万亩。前10位品种为C两优华占、隆两优华占、深两优5814、两优688、天优华占、晶两优华占、宜香优2115、五优308、川优6203和Y两优900，推广面积为2 727万亩，占10万亩以上杂交水稻品种推广总面积的15.4%。

2017年，常规水稻推广面积在10万亩以上的品种有309个，推广总面积为16 118万亩。前10位品种为绥粳18、龙粳31、龙粳46、中嘉早17、黄华占、南粳9108、淮稻5号、中早39、绥粳15和盐丰47，推广面积为6 035万亩，占10万亩以上品种推广总面积的37.4%。

3.1.2 杂交水稻种子生产

从杂交水稻种子制种整体发展情况来看，2017年我国杂交水稻实际制种面积为167万亩，同比增加4万亩，增幅达2.39%；收获种子2.90亿千克，与2016年持平；单产水平达到168千克/亩，同比减少4千克/亩，减幅为2.21%。其中，2017年湖南洪灾对春制和早夏制的三系组合授粉影响较大，夏制三系制种中迟熟组合病害发生较重，单产水平总体比2016年略减。江苏因收获期遭受连续阴雨导致倒伏、穗发芽，加上黑粉病暴发，减产严重，单产水平明显低于正常年份。2003—2017年我国杂交水稻种子制种面积、产量及单产情况见表3-2、图3-1、图3-2、图3-3。

表3-2 2003—2017年我国杂交水稻种子生产情况

年份	制种面积（万亩）	总产量（亿千克）	单产水平（千克/亩）
2003	155	2.5	163
2004	140	2.6	187
2005	150	2.7	180
2006	150	2.7	180
2007	114	2.2	188
2008	95	2.1	221
2009	133	2.4	178
2010	150	2.5	169

(续表)

年份	制种面积(万亩)	总产量(亿千克)	单产水平(千克/亩)
2011	168	2.9	173
2012	181	3.5	191
2013	163	2.8	171
2014	140	2.3	162
2015	145	2.4	164
2016	163	2.8	171
2017	167	2.8	168

数据来源:《2018年中国种业发展报告》。

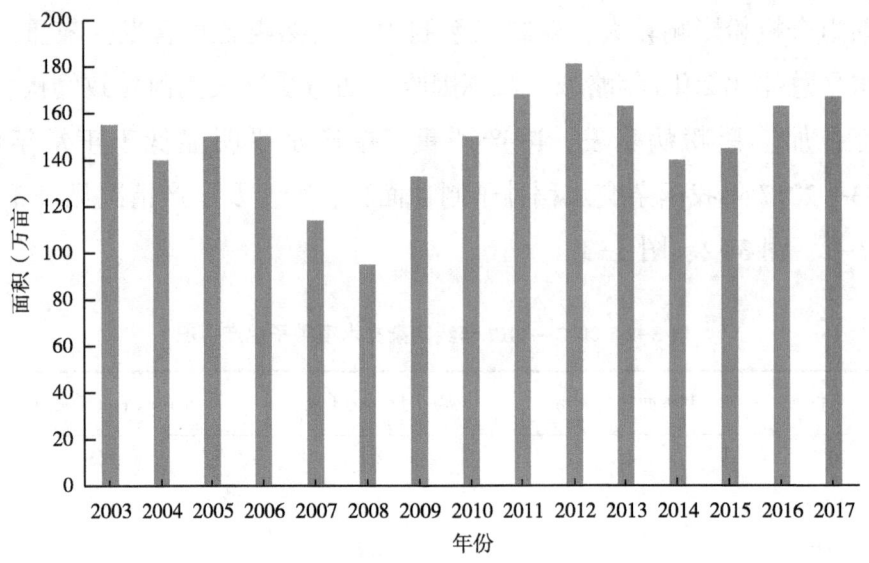

图3-1　2003—2017年我国杂交水稻制种面积变化情况

(数据来源:《2018年中国种业发展报告》)

从杂交水稻种子制种区域分布情况来看,2017年我国杂交水稻种

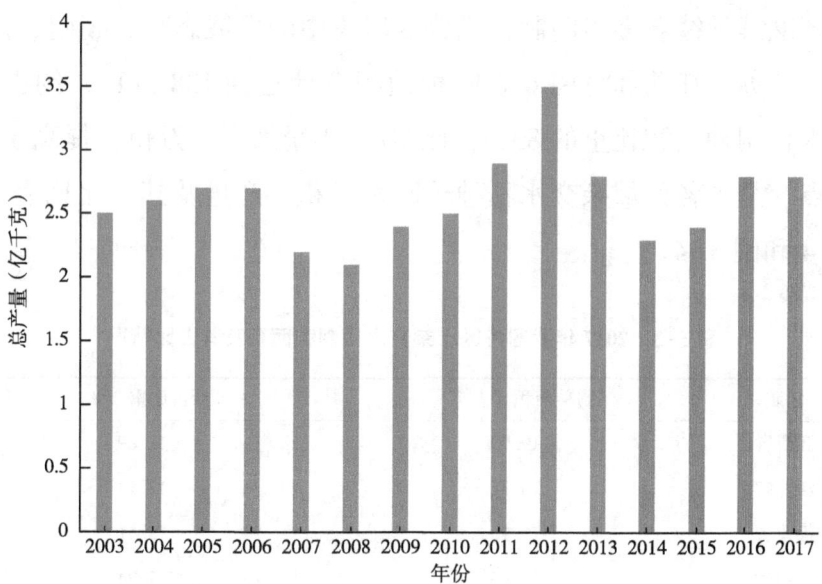

图 3-2　2003—2017 年我国杂交水稻种子总产量变化情况

（数据来源：《2018 年中国种业发展报告》）

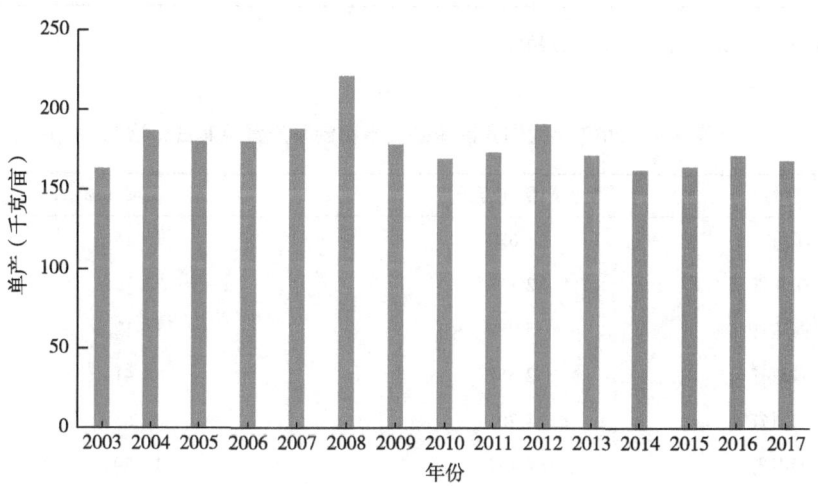

图 3-3　2003—2017 年我国杂交水稻制种单产变化情况

（数据来源：《2018 年中国种业发展报告》）

子生产继续延续着逐步向制种优势区域集中的发展态势,湖南、四川、福建、江苏、江西和海南6省制种面积合计达到138万亩,约占全国杂交水稻制种面积比重的83%,比2016年增加了3万亩,提高了1个百分点。全国各区域杂交水稻种子制种面积、产量及其占比见表3-3、表3-4和图3-4。

表3-3 2017年我国各区域杂交水稻制种面积及其占比情况

区域	制种面积(万亩)	所占比重(%)
江西省	19.90	11.89
江苏省	20.32	12.14
福建省	25.96	15.51
海南省	12.96	7.74
四川省	29.01	17.33
湖南省	30.2	18.04
其他省份	29.05	17.36

数据来源:《2018年中国种业发展报告》。

表3-4 2017年我国各区域杂交水稻制种产量及其占比情况

区域	制种产量(万千克)	所占比重(%)
江西省	3 690	13.16
江苏省	2 173	7.75
福建省	5 082	18.12
海南省	2 357	8.41
四川省	5 701	20.33
湖南省	4 457	15.89
其他省份	4 585	16.35

数据来源:《2018年中国种业发展报告》。

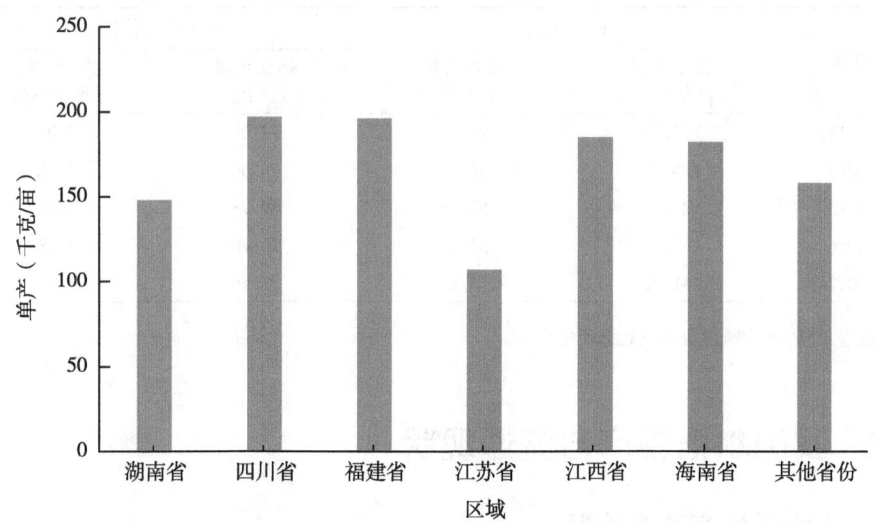

图 3-4　2017 年我国各区域杂交水稻制种单产情况

（数据来源：《2018 年中国种业发展报告》）

3.1.3　水稻种子市场

2013—2017 年，整体而言，我国水稻种子的市场价格总体呈现持续稳步上升的发展态势。而且，杂交水稻种子的市场销售价格要明显高于常规水稻，杂交水稻种子的市值也明显高于常规水稻。以 2017 年为例，杂交水稻的平均种子市场价格为 57.59 元/千克，而常规水稻的平均种子市场价格却仅为 7.72 元/千克，杂交水稻平均种子市场价格约是常规水稻的 7.46 倍。与此同时，同期杂交水稻的种子市值为 141.48 亿元，而常规水稻的种子市值却仅为 54.68 亿元，杂交水稻的种子市值约是常规水稻种子市值的 2.59 倍（表 3-5）。

表 3-5 2013—2017 年我国水稻种子市场情况

年份	种子市值		种子市场价格	
	杂交水稻（亿元）	常规水稻（亿元）	杂交水稻（元/千克）	常规水稻（元/千克）
2013	132.75	43.78	48.00	7.09
2014	118.54	46.73	48.50	7.22
2015	124.94	55.75	49.78	7.26
2016	139.35	55.37	53.70	7.48
2017	141.48	54.68	57.59	7.72

数据来源：《全国种业信息数据手册》。

3.2 我国水稻生产与流通现状

3.2.1 水稻生产基本情况

从 2011—2017 年中国水稻产量的变化情况来看（表 3-6、图 3-5），其总体呈现在波动中稳步上升的发展态势。由 2011 年的 20 288 万吨稳步增加到 2017 年的 21 268 万吨，增加幅度达到了 4.83%，年均增长率达到了 0.79%；从 2011—2017 年中国水稻种植面积的变化情况来看（表 3-6、图 3-6），其总体呈现先增后减的发展态势，从 2011 年的 3 033.8 万公顷逐步增加到 2015 年的 3 078.4 万公顷，但由于受到国家全面调低稻谷最低收购价、比较经济效益较低等因素共同作用，此后两年中国水稻种植面积出现一定程度的缩减，到 2017 年中国水稻种植面积为 3 074.7 万公顷，比 2015 年减少 0.12%；从 2011—2017 年中国水稻单产水平的变化情况来看（表 3-6、图 3-7），近几年农业技术推广和服务体系不断完善，水稻品种改良明显，使得中国水稻的单产水平总体呈现在波动中稳步上升的发展态势，由 2011 年的 6 687.32 千克/公顷逐步增加到 2017 年的 6 917.10 千克/公顷，增加了 3.44%，年均增长率达到了 0.56%。

表 3-6 2011—2017 年我国水稻生产基本情况

年份	面积（万公顷）	产量（万吨）	单产（千克/公顷）
2011	3 033.8	20 288	6 687.323
2012	3 047.6	20 653	6 776.808
2013	3 071.0	20 629	6 717.356
2014	3 076.5	20 961	6 813.262
2015	3 078.4	21 214	6 891.242
2016	3 074.6	21 109	6 865.609
2017	3 074.7	21 268	6 917.098

数据来源：《中国农业统计年鉴》。

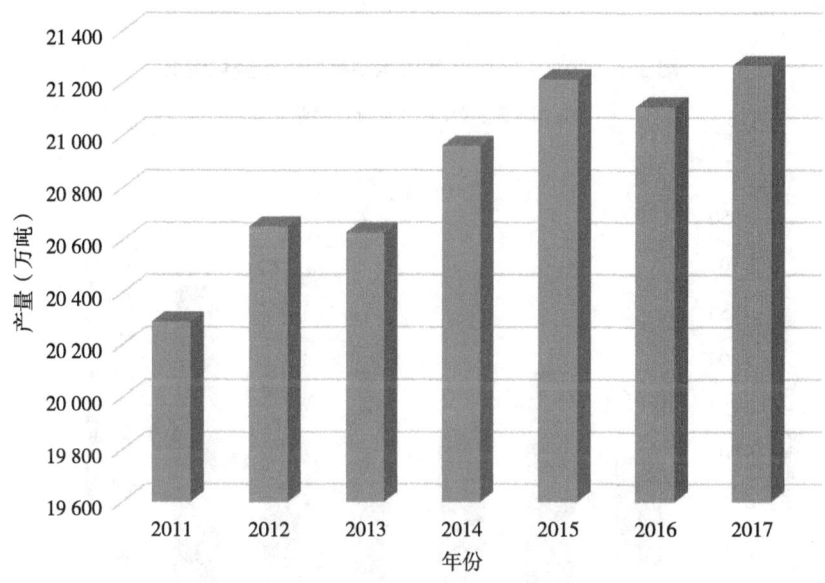

图 3-5 2011—2017 年我国水稻产量变化情况

（数据来源：《中国农业统计年鉴》）

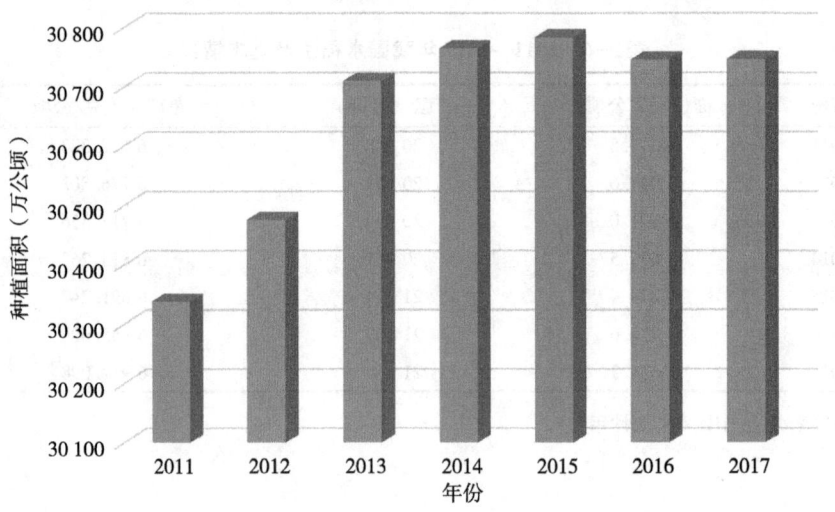

图 3-6　2011—2017 年我国水稻种植面积变化情况

（数据来源：《中国农业统计年鉴》）

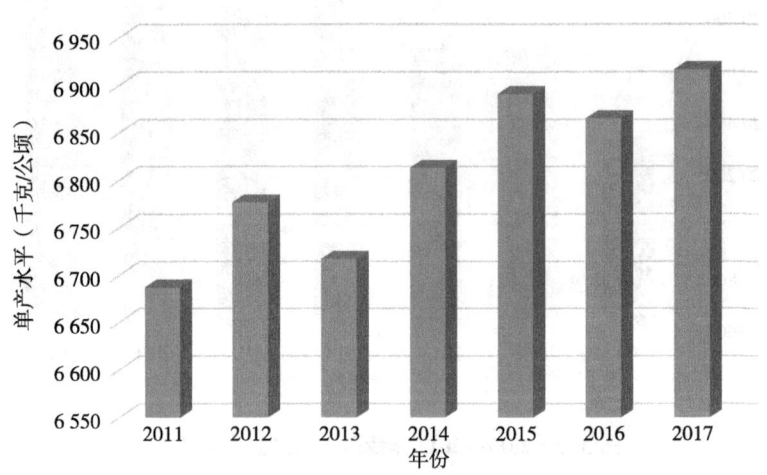

图 3-7　2011—2017 年我国水稻单产水平变化情况

（数据来源：《中国农业统计年鉴》）

3.2.2 水稻生产空间布局情况

我国适合水稻生长的区域十分广泛,生产条件和气候环境存在较大差异,从南到北、从东到西,从单季种植到双季种植,是世界上水稻种植区域分布最为广泛的国家。按照《水稻优势区域布局规划(2008—2015)》中的划分方法,综合考虑资源禀赋、技术条件、市场区位、生产规模、产业基础等方面的要素,兼顾相对集中连片的原则,依据水稻生产现状与未来产业发展变化趋势,将我国水稻产区划分为东北平原、长江流域和东南沿海3个优势区(表3-7、表3-8)。

表3-7 我国水稻生产优势区域划分

优势区域	包含地区
东北平原优势区	黑龙江、吉林、辽宁3个省及黑龙江农垦
长江流域优势区	云南、贵州、四川、重庆、湖南、湖北、江西、安徽、江苏和河南南部
东南沿海优势区	上海、浙江、福建、广东、广西、海南

表3-8 2017年我国水稻种植优势区域生产情况

优势区域	产量(万吨)	占全国比重(%)	种植面积(万公顷)	占全国比重(%)
东北平原优势区	3 925.7	18.46	526.24	17.12
长江流域优势区	13 730.7	64.56	1 967.42	63.99
东南沿海优势区	3 113.0	14.64	520.72	16.94

(1)东北平原优势区 该区包括黑龙江、吉林、辽宁3个省及黑龙江垦区。该区全年≥10℃的有效积温2 000~3 600 ℃,日照时数2 400~3 100小时,降水量320~1 000毫米。热量条件可满足一季作物生长,水稻是该区的主要粮食作物之一。2017年该区水稻种植面积、产量分别为526.24万公顷、3 925.7万吨,分别占全国总量的17.12%

和 18.46%。该区土壤肥沃，7—8 月降雨集中，温度较高，昼夜温差大，雨热同季，是我国优质粳稻的主要产区。

发展优势：该区污染少，是优质绿色粳稻理想的种植区域。水稻产量高，商品量大，比较效益较高。该区生产的优质粳米与俄罗斯、日本、韩国粳米食用口味相近，可就近出口。

目标定位：稳定扩大面积，不断提高单产和品质。供应东北、华北、西北及南方大城市粳米市场，出口韩国、日本、俄罗斯市场。

主攻方向：一是加强大中型水利工程建设，提高稻田防灾抗灾能力；二是普及水稻生产机械化，提高生产效益和商品供应水平，确保区内商品稻米品质的同一性；三是加强抗低温冷害等优质水稻品种的研发，提高东北水稻安全生产水平；四是大力推广大棚、无纺布育秧和"浅、湿、干"旱育稀植等节水栽培技术；五是充分利用生态优势，发展绿色、有机稻米，扶强、扶壮龙头企业，创世界稻米名优品牌，促进稻米出口。

（2）长江流域优势区 该区包括云南、贵州、四川、重庆、湖南、湖北、江西、安徽、江苏和河南南部 10 个省区市。该区气候四季分明，全年≥10℃的有效积温 4 500~5 800 ℃，日照时数 1 100~2 500 小时，降水量 1 000~2 000 毫米。区内单季、双季稻共存，籼、粳、糯稻品种均有种植。2017 年该区水稻种植面积、产量分别为 1 967.42 万公顷、13 730.7 万吨，分别占全国总量的 63.99%和 64.56%。

发展优势：长江横贯该区域，湖泊星罗棋布，地理位置居中，水陆运输发达，劳动力资源丰富。区内温光水资源充裕，具有发展名优和特色大米的基础。该区是我国提供商品稻谷最多的区域，对保障全国稻米供需平衡作用重大。

目标定位：稳定双季稻面积，提高单季稻产量水平，逐步扩大江淮粳稻生产。长江上游地区要提高稻米自给水平，长江中游地区要提高对南方优质籼米市场的供给水平，长江下游地区在满足区内稻米自给的基础上，提高对东南沿海粳米市场的供给能力。

主攻方向：一是加强水稻病虫害防治技术的研究与推广，提高病虫害专业化防治水平，保障水稻高产稳产；二是完善农田基础设施建设，提高抗灾能力；三是加强超级稻和中高档优质稻品种的选育和推广，提高单产和品质；四是大力推广轻简栽培等实用高产栽培技术，加强技术服务指导，提高技术入户率；五是提高水稻机械化生产水平，减轻农民劳动强度；六是壮大龙头企业，大力发展稻米产业化，提高产区农民和企业的经济效益。

（3）东南沿海优势区 该区包括上海、浙江、福建、广东、广西、海南6个省区市。该区光、温、水资源丰富，年日照时数1 300~2 600小时，全年≥10 ℃的有效积温5 000~9 300 ℃，降水量1 100~3 000毫米，对水稻生长十分有利。其气候条件可以满足单季、双季或三季稻种植。2017年该区水稻种植面积、产量分别为520.72万公顷、3 113.0万吨，分别占全国总量的16.94%和14.64%。

发展优势：该区是我国降水、光照与热量最多、最充足、最适宜水稻生长的区域。该区既是我国稻米主产区，又是主销区，稻米需求量大。同时，该区经济发达，人民生活水平高，对稻米品质的要求较高，粮食购销的市场化程度高，优质稻米的产业化水平较高。

目标定位：稳定水稻面积，着力提高单产水平。大力发展优质籼、粳稻，不断改良稻米品质。积极发展水稻生产，提高该区域稻米自给率。

主攻方向：一是大力加强基本农田建设，稳定稻田面积，提高耕地质量；二是加快培育和推广早晚超级稻品种，提高优质稻米生产水平；三是规范发展轻简栽培技术，提高主推技术普及率、到位率；四是加强以稻飞虱为主的病虫害防治技术体系开发，确保稻米质量及食用安全。

3.2.3 水稻生产成本收益情况

从 2011—2017 年我国水稻生产成本的变化情况来看（表 3-9、图 3-8），其整体呈现逐年增加的发展态势。总成本由 2011 年的 896.98 元/亩逐年增加到 2017 年 1 210.19 元/亩，增加幅度达到了 34.92%，年均增长率达到了 5.12%。其中，生产成本由 2011 年的 737.30 元/亩逐年增加到 2017 年的 980.88 元/亩，增加幅度达到了 33.04%，年均增长率达到了 4.87%，但其在总成本中所占的比重则由 2011 年的 82.20%下降到 2017 年的 81.05%；土地成本由 2011 年的 159.68 元/亩逐年增加到 2017 年的 229.31 元/亩，增加幅度达到了 43.61%，年均增长率达到了 6.22%，在总成本中所占的比重则是由 2011 年的 17.80%上升到 2017 年的 18.95%。从水稻生产成本的构成来看（表 3-10、图 3-9），物质与服务费用和人工成本均有不同程度的增加。其中，物质与服务费用由 2011 年的 409.34 元/亩增加到 2017 年的 497.95 元/亩，增加幅度达到了 21.65%，年均增长率达到了 3.32%；人工成本由 2011 年的 327.96 元/亩增加到 2017 年的 482.93 元/亩，增加幅度达到了 47.25%，年均增长率达到了 6.66%。

表 3-9 2011—2017 年我国水稻生产成本变化情况

年份	总成本（元/亩）	生产成本（元/亩）	土地成本（元/亩）
2011	896.98	737.30	159.68
2012	1 055.10	880.13	174.97
2013	1 151.11	957.83	193.28
2014	1 176.55	970.47	206.08
2015	1 202.12	987.28	214.84
2016	1 201.81	979.87	221.94
2017	1 210.19	980.88	229.31

数据来源：《全国农产品成本收益资料汇编》。

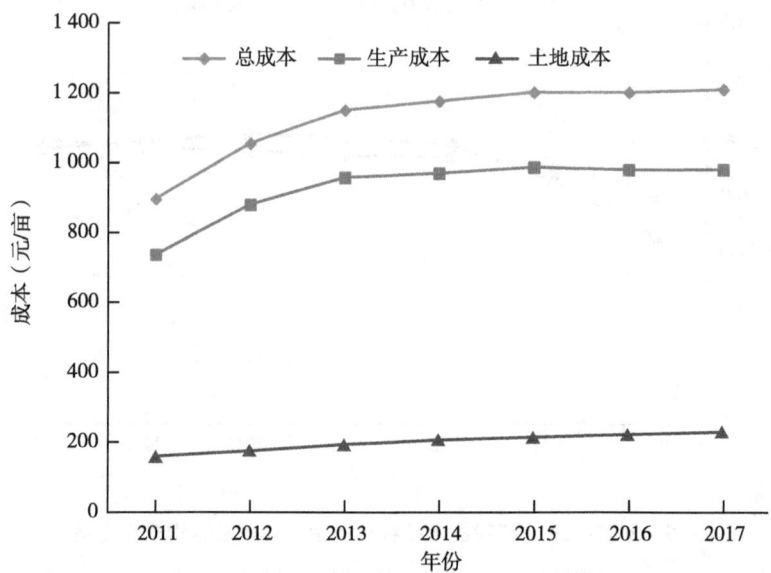

图 3-8　2011—2017 年我国水稻生产成本变化情况

（数据来源：《全国农产品成本收益资料汇编》）

表 3-10　2011—2017 年我国水稻种植的生产成本及其构成变化情况

年份	生产成本 （元/亩）	物质与服务费用 （元/亩）	人工成本 （元/亩）
2011	737.30	409.34	327.96
2012	880.13	453.51	426.62
2013	957.83	468.52	489.31
2014	970.47	469.80	500.67
2015	987.28	478.69	508.59
2016	979.87	484.53	495.34
2017	980.88	497.95	482.93

数据来源：《全国农产品成本收益资料汇编》。

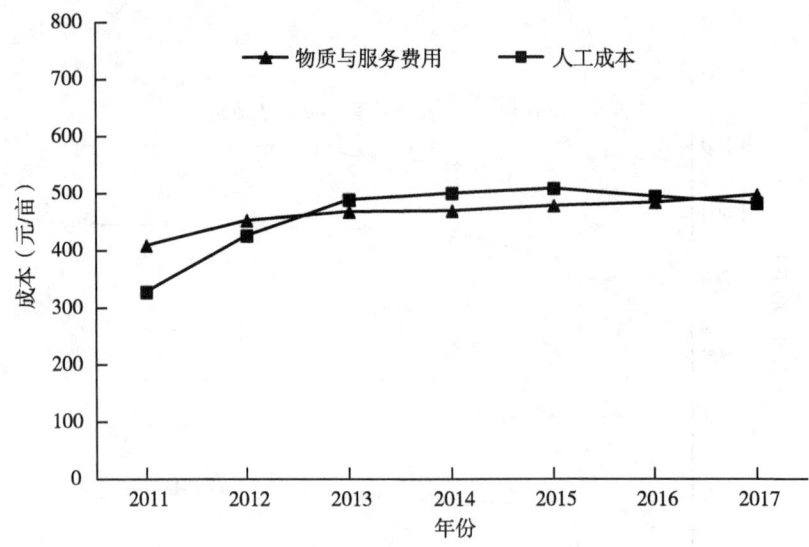

图 3-9　2011—2017 年我国水稻种植的生产成本及其构成变化情况

（数据来源：《全国农产品成本收益资料汇编》）

从 2011—2017 年我国水稻生产收益变化情况来看，2011 年以来，我国国内稻米市场持续处于低迷态势。2017 年稻谷最低收购价格全面下调，其中，早籼稻、中晚籼稻和粳稻最低收购价格分别下调至每 50 千克 130 元、136 元和 150 元，分别比 2016 年下调了 3 元、2 元和 5 元。与此同时，受国外低价大米大量进口、国内水稻增产、库存高企等因素影响，2017 年国内稻米市场走势略强于 2016 年，但仍属于偏弱运行。国家发展和改革委员会价格监测中心数据显示，2017 年 12 月早籼稻、晚籼稻和粳稻收购价格为 2 636.8 元/吨、2 747.7 元/吨和 2 992.7 元/吨，其中，早籼稻、晚籼稻价格同比持平略升，粳稻价格下降 1.2%；标一早籼米、晚籼米、晚粳米批发价格分别为 3 890.9 元/吨、4 232.3 元/吨和 4 705.9 元/吨，晚籼米、晚粳米价格略升 0.6% 和 3.7%，早籼米价格下降 1.0%。从 2011—2017 年我国水稻生产收益的变化情况来看（表3-11、图3-11），净利润和成本利润率均呈现下降的发展态势。其中，净利润由2011年的371.27元/亩下降到2017年的132.55元/亩，下降幅度达到了64.30%，年均增长率达到了-15.77%；成本利润率由2011年的41.39%下降到2017年的10.95%，下降幅度达到了73.54%，年均增长率达到了-19.88%。

表3-11 2011—2017年我国水稻生产收益变化情况

年份	净利润（元/亩）	成本利润率（%）
2011	371.27	41.39
2012	285.73	27.08
2013	154.79	13.45
2014	204.83	17.41
2015	175.40	14.59
2016	141.96	11.81
2017	132.55	10.95

数据来源：《全国农产品成本收益资料汇编》。

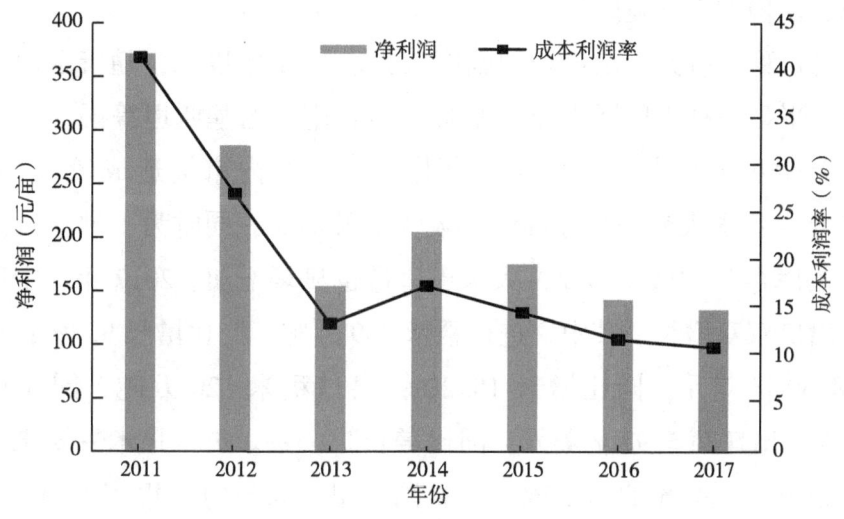

图3-10 2011—2017年我国水稻生产收益变化情况

（数据来源：《全国农产品成本收益资料汇编》）

3.2.4 大米消费与贸易情况

消费稳中有增，工业用粮有一定增加。2017年中国大米消费稳中有增，达到14 976万吨，较上年增加33万吨，数量和结构较往年有所调整，工业消费有一定幅度增加。其中，食用消费量为10 888万吨（折合稻谷约15 554万吨），较上年增加18万吨；种用稻谷相对稳定，约为226万吨；饲用稻谷约1 801万吨（折合大米约1 261万吨），较上年减少约4万吨；工业消费稻谷1 549万吨（折合大米约1 084万吨），较上年略增39万吨。增加的主要原因在于不宜存稻谷的规模有一定程度的增加，进入工业用途。2017年损耗稻谷估计为2 264万吨（折合大米约1 585万吨），较上年减少11万吨。此外，2017年中国政策性粮食库存消费8 450万吨，其中政策性稻谷库存消化1 063万吨，是2016年的2.97倍，包括早籼稻121万吨、中晚籼稻385万吨、粳稻557万吨。

进口稳中有升，出口增加幅度较大。2011年以来，随着国内大米价格水平显著高于国际市场，尤其是与越南、巴基斯坦等国大米价格相比差距更大，大米进口量不断增加，对国内市场造成较大冲击。2017年，我国大米进口继续保持较快增长势头，同时为了顺应国内稻谷"去库存"的政策需要，大米出口量也显著增加。2017年，中国稻米进出口双双增长。其中，进口稻米399万吨，同比增长9.3%；进口额18.60亿美元，同比增长15.2%；出口稻米120万吨，同比增长48.1%；出口额5.97亿美元，同比增长70.1%。进口稻米主要来自越南（占进口总量的56.3%）、泰国（占28.5%）、巴基斯坦（占6.8%）。出口目的地主要是科特迪瓦（占出口总量的25.8%）、韩国（占14.0%）、土耳其（占6.2%）。

3.3 我国水稻产业技术研发进展

水稻作为禾谷类的典型作物,近年来水稻高新技术研究的飞速发展,为开展新一轮农业科技革命奠定了良好的基础。

3.3.1 水稻生物技术研究

通过花药培养、体细胞组织培养以及组织培养与辐射诱变相结合的手段,育成了一批水稻新品种新组合,并得到了大面积推广应用。通过远缘杂交与花药培养相结合的技术研发,已经将野生稻的有利基因导入栽培稻,获得了优异种质材料。水稻重要农艺性状基因定位研究,尤其是在育性基因、抗性基因、产量性状及其他数量性状基因等方面,也取得了重大进展。利用分子标记辅助育种等手段,育成了一批新品种并开始在水稻生产上广泛示范推广。利用分子标记检测杂交水稻种子真伪的研究,也已经在水稻生产中试用。应用水稻转基因技术育成的抗除草剂转基因杂交稻、克螟稻等技术突破,已经进入到大田释放和环境评价阶段。随着基因组学、生物信息学、蛋白质组学等科学研究的一系列突破,水稻分子育种技术体系已经初步形成。

3.3.2 水稻产业信息技术

随着计算机信息网络技术的发展和推广,信息技术已经渗透到水稻研究和生产领域的设计、控制、管理等全过程,实现了现代信息技术与水稻产业的融合发展。水稻信息数据库系统已经用于水稻生产技术服务,为水稻生产者提供水稻生长情况、病虫害预防预报、防治技术以及水稻生产资料市场等有价值的信息。遥感(RS)技术、地理信息系统（GIS）与全球定位系统（GPS）在水稻科研与生产领域开始广泛应用，特别是在水稻苗情监测与精准生产中发挥了重要作用。

3.3.3 水稻相关物化产品研发技术

适用的生物农药、生物肥料和植物生长调节剂等传统化学品或制剂的替代产品，其研究与开发进展显著，其中高效、安全和环境友好的新型生物药物的研发在国际上已经占有一席之地，为水稻生产发展提供了现代投入品。

3.3.4 水稻产后加工技术

在稻米产业的产后过程中，稻谷原料处理、加工包装过程、营养和活性物质保持、质构和风味修饰等方面的新型技术不断涌现。如以微生物、酶和基因工程为代表的食品生物技术，以膜分离、超临界流体萃取、纳滤等为代表的新型分离等技术日趋成熟，开始应用到稻米加工与储藏过程中，大大提高了水稻产业科技含量。

3.4 未来市场走势判断及不确定性分析

3.4.1 未来市场走势判断

（1）总体判断　根据2021年农业农村部市场预警专家委员会发布的《中国农业展望报告（2021—2030）》，我国稻米生产及市场有如下发展趋势。第一，未来发展阶段，随着我国粮食安全政策的强化以及支持力度加大，我国稻谷播种面积将会有所扩大，单产水平将呈现稳步提高的发展趋势，稻谷产量也将继续保持在较高的生产水平。预计到2025年，我国稻谷产量将达到21 797万吨，比基期增长3.2%；2030年稻谷产量将达到22 248万吨，比基期增长5.3%。第二，我国稻米消费将继续呈现稳中有增的发展态势。预计到2025年，大米消费量将达到15 368万吨，比基期增长1.5%；2030年将达到15 504万吨，比基期增长2.4%。第三，我国大米进口量将会有所增加，而大米进口量将会呈现下降的发展态势。预计到2025年和2030年，我国大米进口量将分别达到413万吨和450万吨，大米出口量将分别下降到158万吨和150万吨。第四，由于受到"后疫情时代"粮食战略功能性增强以及近期中央释放的"重粮"信号等因素影响，我国国内稻米市场价格将呈现短期价格窄幅上涨的发展态势，而且从中长期来看，受生产成本上升等因素影响，国内稻米价格也将呈现稳中略涨的发展趋势。

（2）生产展望　在展望期内，我国稻谷种植面积将有所扩大。2021年，中央明确提出了要稳定农民补贴、适度提高稻谷最低收购价等相关支农惠农政策，让水稻生产者吃下了"定心丸"，这有利于稳定和扩大稻谷种植面积。而且从中长期来看，中央提高粮食供给保障能力的方向不会变，坚决遏制耕地"非粮化"等措施不会减弱，在政策持续支撑下预计稻谷种植将会继续扩大，预计2025年我国稻谷种植面积将达到45 888万亩，比基期增长2.0%；2030年我国稻谷种植面积将达到46 100万亩，比基期增长2.5%。与此同时，稻谷生产结构也将进一步不断优化，优质稻谷种植面积将继续增加。

稻谷单产水平将呈稳步提高的发展态势。深入实施提高育种水平、推广优质高产高抗稻谷品种、创新绿色高效栽培技术等措施，有助于促进我国稻谷单产水平持续提高。预计到2025年，我国稻谷单产水平将达到475千克/亩，比基期提高1.2%；2030年将会达到483千克/亩，比基期提高 2.8%。

稻谷整体产量将保持增加。未来发展阶段，特别是"后疫情时代"，保障口粮绝对安全的任务丝毫不容松懈，政策支持下预计种植面积将有所扩大，耕地质量提升和技术突破将支撑单产水平提高，进而使得我国稻谷整体产量保持增长。预计到 2025 年和 2030 年，我国稻谷产量将分别达到 21 797 万吨和 22 248 万吨。

（3）消费展望 未来发展阶段，我国稻米消费需求将呈现小幅增长的发展态势。随着人口增长和饲用、工业消费量的不断增加，我国稻米消费量将保持稳中有增态势。预计到 2025 年和 2030 年，我国大米消费量将分别达到 15 368 万吨和 15 504 万吨，比基期分别增长 1.5%和 2.4%。

口粮消费量保持基本稳定。我国人均大米消费量呈下降趋势，但伴随着人口增长的拉动效应，口粮需求量将保持基本稳定。预计到 2025 年，我国大米口粮消费量为 11 156 万吨，比基期下降 1.4%；2030 年为 11 153 万吨，比基期下降 1.4%。

工业消费量将会有一定幅度的增长。随着技术进步、工业用粮的用途更加多元化，超期储存稻谷将加快进入工业领域。预计到 2025 年，我国大米工业消费量为 1 294 万吨，比基期增长 13.9%；2030 年为 1 425 万吨，比基期增长 25.4%。

饲用消费量先减后增。中短期内，受国内玉米等饲料粮供给偏紧影响，稻谷饲用消费量将呈增加态势，但长期内，随着饲用粮供需格局调整变化，稻谷饲用消费量将逐步减少。预计到 2025 年，我国稻谷饲用消费量将会达到 2 631 万吨（大米相当量 1 842 万吨），比基期增长 36.1%；2030 年为 2 609 万吨（大米相当量 1 826 万吨），比基期增长 34.9%。

种用消费量将基本持平。一方面，随着杂交技术突破和进一步推广应用，单位土地用种量将减少；另一方面，在南方主产区大力恢复双季稻面积的作用下，种用量将有所增加。综合来看，种用消费量将保持稳定。预计到 2025 年，种用消费量为 231 万吨（大米相当量 162 万吨）；2030 年为 236 万吨（大米相当量 165 万吨）。

（4）贸易展望 大米进口将保持增长态势，大米进口将呈减少趋势。在保障国内口粮绝对安全的政策下，未来发展阶段我国大米进口量占产量的比重仍将保持较低水平。为了满足广大居民对不同品质和品牌大米的需求，大米进口量将保持小幅增加趋势。预计到 2025 年，我国大米进口量将达到 413 万吨，比基期增加 127 万吨，年均增长 7.7%；2030 年大米进口量将达到 450 万吨，比基期增加 164 万吨，年均增长 4.6%。大米进口来源地将主要为越南、泰国、巴基斯坦、缅甸和老挝等国家。大米出口量将呈下降趋势，主要原因是稻谷生产成本呈上行态势，中国大米在国际市场上的价格竞争力将进一步削弱。大米出口目的地主要集中在韩国、朝鲜、日本、塞拉利昂等国家。预计到 2025 年，出口量为 158 万吨，比基期减少 79 万吨；2030 年出口量为 150 万吨，比基期减少 87 万吨。

（5）价格展望 稻米价格将会稳中略涨。2021 年，国家继续在稻谷主产区实行最低收购价政策，并提高了籼稻最低收购价，同时受玉米价格高位运行带动，预计稻谷价格将稳中有涨，早籼稻价格可能保持在 2.42~2.54 元/千克，晚籼稻价格可能保持在 2.56~3.00 元/千克，粳稻价格可能保持在 2.70~2.90 元/千克。从中长期来看，在粮食稳产保供等措施支撑下，预计稻米产需保持基本平衡，同时受成本上升等因素拉动，价格将保持稳定略涨趋势。

3.4.2 不确定性因素分析

(1) 气候变化和重大病虫害影响程度不确定　2021年我国区域性、阶段性旱涝灾害重于常年。从短期看，每年6—8月，江南大部、华南北部出现高温热浪、夏伏旱的可能性较大，局部地区可能发生冬春夏三季连旱，将对南方水稻种植带来不利影响。从中长期来看，全球变暖可能加重农作物重大病虫害的发生，稻飞虱、稻纵卷叶螟等虫害以及稻瘟病、南方水稻黑条矮缩病等病害或对稻谷生产造成威胁，对稻谷产量的影响程度难以确定。

(2) "后疫情时代"国际大米市场波动的影响程度不确定　新冠肺炎疫情对国内外稻米产业链的影响还未完全消除，而且"后疫情时代"大米国际生产、贸易格局仍充满不确定性。虽然我国大米对外依存度较低，但国内稻米价格的上涨也不能完全排国际市场影响。"后疫情时代"大米进口国保障粮食安全的需求仍然较高，国际大米价格波动趋势仍然充满不确定性，这也将对我国稻米价格预期产生一定的影响。东南亚主要大米出口国是否会采取出口管制措施也会对我国大米进口产生一定影响。

(3) 其他不确定因素　从国内来看，宏观经济环境复杂多变，我国经济持续稳定增长仍然面临风险挑战，财政收入稳定增长面临一定不确定性，可能对继续加大稻谷生产支持补贴力度等政策措施产生影响，不利于稻米种植面积实现稳步扩大。从国际方面来看，世界经济、贸易形势严峻复杂，不确定因素增多，这也可能对我国稻米贸易和价格产生影响。

4 我国水稻生产投入产出分析

本章着重从经济成本、会计成本和技术进步路径模式3个维度来分析水稻的成本投入,从产品实物量、产品产值和产品收益3种产出类型来分析我国水稻的产品产出。通过对水稻投入和产出的现状、动态特征及其差异进行分析,进而归纳和总结我国水稻成本和收益的变化特点及其演变趋势。

4.1 水稻生产投入和产出现状分析

为了剔除偶然性因素的影响,使用2013—2016年的平均数据作为我国现阶段水稻的成本投入和产品产出数据(表4-1、图4-1)。各项成本收益数据均来自历年《全国农产品成本收益资料汇编》。

表4-1 2013—2016年不同维度下我国水稻生产的成本投入及各成本构成情况

分类依据	成本构成项目	2013—2016年平均成本(元/亩)	在总成本所占比重(%)
基于经济成本维度	生产成本	973.86	82.33
	土地成本	209.04	17.67
基于会计成本维度	现金成本	587.29	49.65
	机会成本	595.61	50.35

（续表）

分类依据	成本构成项目	2013—2016年平均成本（元/亩）	在总成本所占比重（%）
基于技术进步路径模式维度	生物化学投入成本	241.29	20.40
	机械投入成本	196.55	16.62
	人工成本	498.48	42.14
	土地成本	209.04	17.67
	其他成本	37.54	3.17

数据来源：《全国农产品成本收益资料汇编》。

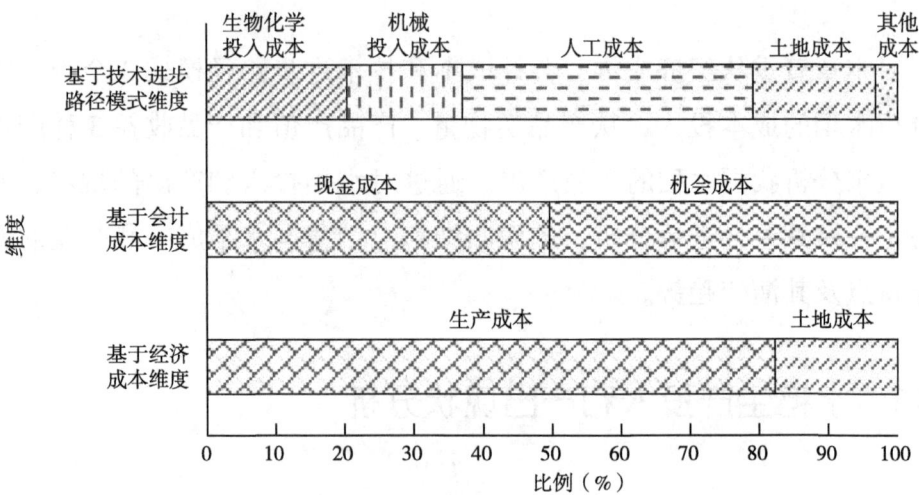

图 4-1　2013—2016 年不同维度下我国水稻生产成本投入构成比例情况

（数据来源：《全国农产品成本收益资料汇编》）

4.1.1　水稻成本投入的阶段性特点分析

水稻总成本是指水稻生产过程中所耗费的现金、实物、劳动力和土地等所有资源的成本。现阶段我国水稻总成本为 1 182.90 元/亩。本节从经济成本、会计成本和技术进步路径模式 3 个维度出发，对我国水稻成本投入现状情况进行分析。

（1）基于经济成本的维度　在经济成本维度下，可以将水稻的总成本划分为生产成本和土地成本两大类。水稻生产成本是指为生产水稻而投入的各项实物、现金与劳动力成本，包括物质与服务费用及人工成本。2013—2016年，我国水稻的生产成本为973.86元/亩，在总成本中所占比重高达82.33%，占据绝对主导地位。其中，物质与服务费用为475.39元/亩，在总成本中所占比重为40.19%。而人工成本为498.48元/亩，在总成本中所占的比重为42.14%，高于物质与服务费用1.95个百分点。我国水稻生产的土地成本为209.04元/亩，在总成本中所占的比重为17.67%。

（2）基于会计成本的维度　在会计成本维度下，可以将水稻的总成本划分为现金成本和机会成本两大类。水稻生产的现金成本是指水稻生产过程中的全部现金和实物支出，它直接决定着水稻生产者的收入水平。水稻生产的机会成本则是包括劳动力机会成本（即家庭用工折价）和土地机会成本（即自营地折租），它能够在一定程度上影响水稻生产者的生产经营所得。2013—2016年，我国水稻生产的现金成本为587.29元/亩，在总成本中所占的比重为49.65%。而水稻生产的机会成本为595.61元/亩，在总成本中所占的比重为50.35%。其中，劳动力机会成本为438.46元/亩，土地机会成本为157.15元/亩，在总成本中所占的比重分别为37.07%和13.28%。

（3）基于技术进步路径模式的维度　在技术进步路径模式维度下，可以将水稻生产的总成本划分为生物化学投入成本、机械投入成本以及土地成本、人工成本和其他成本5类。生物化学投入成本包括种子费、化肥费、农家肥费、农药费、农膜费等。2013—2016年，我国水稻生产的生物化学投入成本为241.29元/亩，在总成本中所占的比重为20.40%，其中化肥费以123.36元/亩居于首位，在总成本中所占的比重为 10.43%；机械投入成本包括机械作业费、排灌费、燃料动力费等。2013—2016 年，我国水稻生产的机械投入成本为 196.55 元/亩，在总成本中所占的比重为 16.62%，其中机械作业费以 171.71 元/亩居于首位，在总成本中所占的比重为 14.52%；人工成本包括家庭用工折价与雇工费用。2013—2016 年，我国水稻生产的人工成本为 498.48 元/亩，在总成本中所占的比重为 42.14%；土地成本包括自营地折租与流转地租金。2013—2016 年，我国水稻生产的土地成本为 209.04 元/亩，在总成本中所占的比重为 17.67%；其他成本是指除了生物化学投入成本、机械投入成本、土地成本、人工成本以外的其他各项成本，包括畜力费、技术服务费、工具材料费、修理维护费、其他直接费用以及固定资产折旧、税金、保险费、管理费、财务费、销售费等间接费用。2013—2016 年，我国水稻生产的其他成本为 37.54 元/亩，在总成本中所占的比重为 3.17%。基于技术进步路径模式划分的 5 类成本及其占总成本的比重由高到低依次为土地成本、人工成本、生物化学投入成本、机械投入成本、其他成本。

4.1.2 水稻产品产出的阶段性特点分析

本小节从产品实物量、产品产值、产品收益 3 个维度出发，对 2013—2016 年我国水稻产品生产的阶段性特点进行分析。

(1) 基于产品实物量的维度 基于产品实物量的维度，主要是考察水稻的主产品产量、主产品已出售产量。主产品产量是指实际生产的水稻数量。2013—2016 年，我国水稻的平均主产品产量为 483.51 千克/亩，其中平均主产品已出售产量为 341.46 千克/亩，占平均主产品产量的 70.62%。

(2) 基于产品产值的维度 基于产品产值的维度，主要是考察水稻的主产品产值、副产品产值、主产品已出售产值。2013—2016 年，我国水稻的平均主产品产值和副产品产值分别为 1 334.49 元/亩和 17.65 元/亩，主产品产值在总产值中所占的比重高达 98.69%。其中，平均主产品已出售产值为 933.72 元/亩，占平均主产品产值的 69.97%，每千克水稻平均出售价格为 2.76 元。

（3）基于产品收益的维度　基于产品收益的维度，主要是考察水稻的净利润及现金收益。净利润与现金收益均是反映生产主体盈利能力的重要指标，净利润为总产值与总成本之差，反映其综合产出能力；现金收益为总产值与现金成本之差，体现其实际获得的收入水平。2013—2016 年，我国水稻的平均净利润为 169.25 元/亩，平均现金收益为 764.86 元/亩，家庭用工折价与自营地折租等机会成本较高是现阶段我国水稻净利润远远低于现金收益的重要原因。

4.1.3　小结

水稻总成本是指水稻生产过程中耗费的现金、实物、劳动力和土地等资源的成本。2013—2016 年，我国水稻总成本为 1 182.90 元/亩。通过基于经济成本、会计成本和技术进步路径模式 3 个不同维度对水稻总成本进行分类分析的结果表明，基于经济成本维度的水稻生产成本与土地成本分别为 973.86 元/亩和 209.04 元/亩，基于会计成本维度的水稻现金成本与机会成本分别为 587.29 元/亩和 595.61 元/亩，基于技术进步路径模式维度的水稻生物化学投入成本、机械投入成本、人工成本、土地成本和其他成本分别为 241.29 元/亩、196.55 元/亩、498.48 元/亩、209.04 元/亩和 37.54 元/亩。

通过基于产品实物量、产品产值和产品收益 3 个不同维度对水稻产品产出进行分类分析的结果表明，基于产品实物量维度的水稻主产品产量、主产品已出售产量分别为 483.51 千克/亩和 341.46 千克/亩，基于产品产值维度的水稻主产品产值、副产品产值和主产品已出售产值分别为 1 334.49 元/亩、17.65 元/亩和 933.72 元/亩，基于产品收益维度的水稻净利润及现金收益分别为 169.25 元/亩和 764.86 元/亩。

4.2 水稻生产投入和产出的动态变化特征分析

为了剔除价格因素的影响，本章以 2004 年为基期，使用消费者物价指数对水稻的人工成本、土地成本进行平减，使用农业生产资料综合指数对水稻除人工成本、土地成本以外的其他成本数据进行平减，使用水稻生产价格指数对水稻的主产品产值、主产品出售产值、副产品产值进行平减，使用农产品生产价格指数对水稻的现金收益和净利润进行平减。消费者物价指数、农业生产资料综合指数、水稻生产价格指数、农产品生产价格指数均来自历年《中国统计年鉴》。

4.2.1 水稻成本投入的动态变化特征分析

2004—2016 年，我国水稻总成本整体呈现逐年增加的发展态势，由 2004 年的 454.64 元/亩增加到 2016 年的 872.85 元/亩，增长了 91.99%，年均增长率达到了 5.59%。本节从经济成本、会计成本和技术进步路径模式 3 个不同维度出发，对我国水稻成本投入的动态变化特征进行分析。

（1）基于经济成本的维度 在基于经济成本维度下，2004—2016 年我国水稻的生产成本与土地成本均有不同程度的增加。水稻的生产成本由 2004 年的 397.68 元/亩增加到 2016 年的 711.66 元/亩，增长了

78.95%，年均增长率达到了 4.97%。其中，物质与服务费用由 2004 年的 226.24 元/亩增加到 2016 年的 351.91 元/亩，增长了 55.55%，年均增长率达到了 3.75%。人工成本由 2004 年 171.44 元/亩增加到 2016 年的 359.76 元/亩，增长了 109.84%，年均增长率达到了 6.37%，劳动力价格的持续攀升导致了水稻生产成本的大幅上涨。与此同时，随着工业化、城镇化进程的不断推进，农业耕地不断减少，2003 年国家相继制定出台了减免农业税及发放各类农业补贴的优惠政策，使得农业生产的收益明显提高，耕地需求快速增加，土地价格显著上涨，水稻的土地成本逐年增加，由 2004 年的 56.96 元/亩增加到 2016 年的 161.19 元/亩，增加幅度达到了 182.99%，年均增长率达到了 9.06%。

生产成本在总成本中始终占据主导地位，但其在总成本中所占的比重却呈逐年下降的发展态势，由 2004 年的 87.47% 逐步下降到 2016 年的 81.53%，下降幅度达到了 6.79%。而与此同时，土地成本在总成本中所占的比重基本上是保持稳步波动上升的态势，由 2004 年的 12.53% 上升到 2016 年的 18.47%，上升幅度达到了 47.40%（图 4-2）。

（2）基于会计成本的维度 在基于会计成本维度下，2004—2016 年我国水稻的现金成本与机会成本均呈现不同程度的上升发展态势。水稻的现金成本是在小幅波动中保持上升的发展态势。由 2004 年的 255.03 元/亩增加到 2016 年的 356.25 元/亩，增加幅度达到了 39.69%，年均增长率达到了 2.82%。水稻的机会成本同样是在小幅波动中总体保持上升的发展态势，由 2004 年的 199.61 元/亩增加到 2016 年的 352.34 元/亩，增加幅度达到了 76.52%，年均增长率达到了 4.85%。近年来土地租金与劳动力价格的持续攀升是造成我国水稻机会成本不断提高的根本原因。劳动力机会成本（即家庭用工折价）由 2004 年的 150.29 元/亩增加至 2016 年的 255.33 元/亩，增加幅度达到

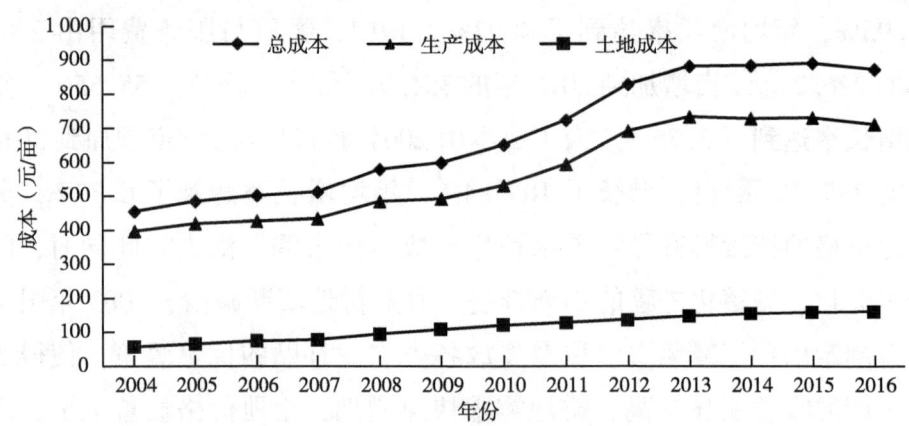

图 4-2　2004—2016 年基于经济成本维度我国水稻成本投入变化情况

（数据来源：《全国农产品成本收益资料汇编》）

了 75.07%，年均增长率达到了 4.52%；土地机会成本（自营地折租）由 2004 年的 49.32 元/亩增加至 97.01 元/亩，增加幅度达到了 96.70%，年均增长率达到了 5.80%。

另外，机会成本的增速（年均增长率 4.85%）要明显快于现金成本的增速（年均增长率 2.82%），使得目前我国水稻的机会成本已经超过了现金成本而占据绝对主导地位（2016 年所有下降）。水稻的现金成本在总成本中所占的比重由 2004 年的 56.09% 下降至 2015 年的 49.36%，而水稻的机会成本在总成本中所占的比重则由 2004 年的 43.91% 上升至 2015 年的 50.67%（图 4-3）。

（3）基于技术进步路径模式的维度　在基于技术进步路径模式维度下，除生物化学投入成本和其他成本外，2004—2016 年我国水稻的机械投入成本、人工成本、土地成本均有不同程度的增加。随着我国工业化、城镇化进程的不断推进，大量的农业劳动力向二三产业转移。一方面，农业劳动力资源的短缺使得农业生产对机械作业的需求不断增加，

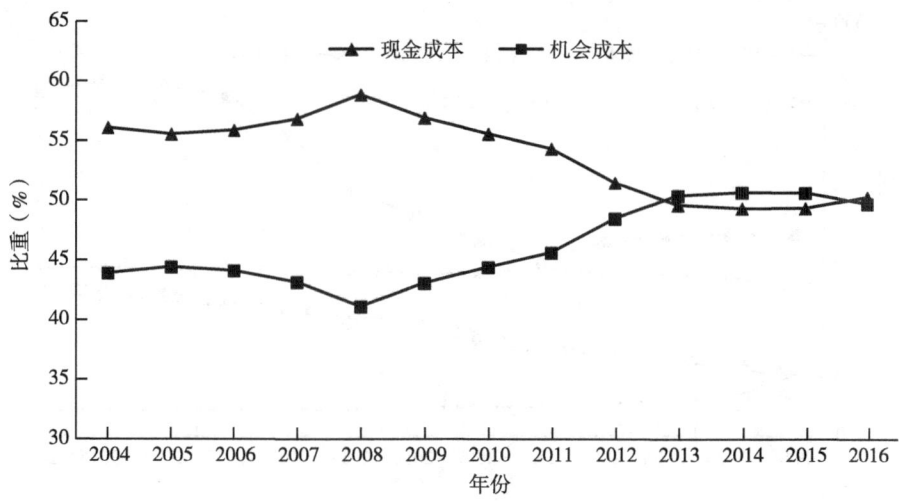

图 4-3　2004—2016 年基于会计成本维度我国水稻成本投入变化情况

（数据来源：《全国农产品成本收益资料汇编》）

机械技术的发展为农业机械化程度的提高创造了条件，政府实施的农机购置补贴政策则进一步提高了农民购置农用机具的积极性，加之能源价格的上涨，致使水稻的机械投入成本有所增加，由 2004 年的 52.00 元/亩增加至 2016 年的 121.07 元/亩，增加幅度达到了 132.83%，年均增长率达到了 7.30%；另一方面，农业劳动力的短缺造成农业劳动力价格的上涨以及从事农业生产的机会成本的增加，最终导致水稻人工成本由 2004 年的 171.44 元/亩增加至 2016 年的 292.06 元/亩，增加幅度达到了 70.36%，年均增长率达到了 4.54%。与此同时，土地成本也由 2004 年的 56.96 元/亩增加至 2016 年的 130.86 元，增加幅度达到了 129.74%，年均增长率达到了 7.18%。因此，2004—2016 年 5 类成本及其在总成本中所占的比重由高到低依次为人工成本、生物化学投入成本、土地成本、机械投入成本、其他成本（图 4-4）。

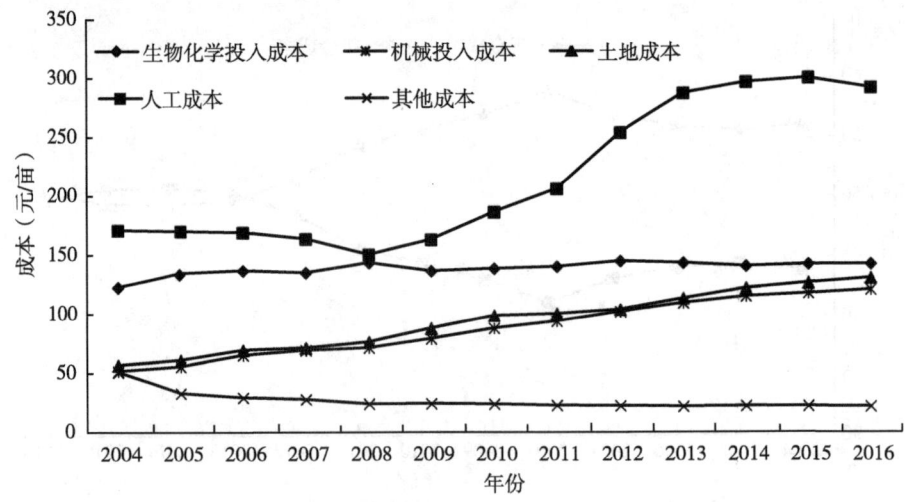

图 4-4 2004—2016 年基于技术进步路径模式维度我国水稻成本投入变化情况

(数据来源:《全国农产品成本收益资料汇编》)

4.2.2 水稻产品产出的动态变化特征分析

本节从产品实物量、产品产值、产品收益 3 个不同维度出发,对我国水稻产品产出的动态变化特征进行分析。

(1) 基于产品实物量的维度 在基于产品实物量维度下,2004—2016 年我国水稻的主产品产量和主产品出售数量总体呈现在波动中趋于上升的发展态势。我国是世界重要的水稻主产国,近年来我国的水稻种植面积和产量基本趋于相对稳定,水稻种植面积和产量分别由 2004 年的 2 837.9 万公顷和 17 908.8 万吨增加至 2016 年的 3 074.6 万公顷和 21 109.4 万吨,增加幅度分别达到了 17.87% 和 8.34%,年均增长率分别达到了 1.38% 和 0.67%。水稻单位面积产量也由 2004 年的 6 310.61 千克/公顷提高到 2016 年的 6 865.77 千克/公顷,增加幅度达到了 8.80%,年均增长率达到了 0.71%。因而,我国水稻的单位面积主产品产量和主产品出售产量分别由 2004 年的 450.90 千克/亩和 183.60 千克/亩增加至 2016 年的 484.75 千克/亩和 363.67 千克/亩,增加幅度分别达到了 7.51%和 98.08%,年均增长率分别达到了 0.61%和 5.86%。主产品出售数量占主产品产量的比重也由 2004 年的 40.72%提高到 2016 年的 75.02%(图 4-5)。

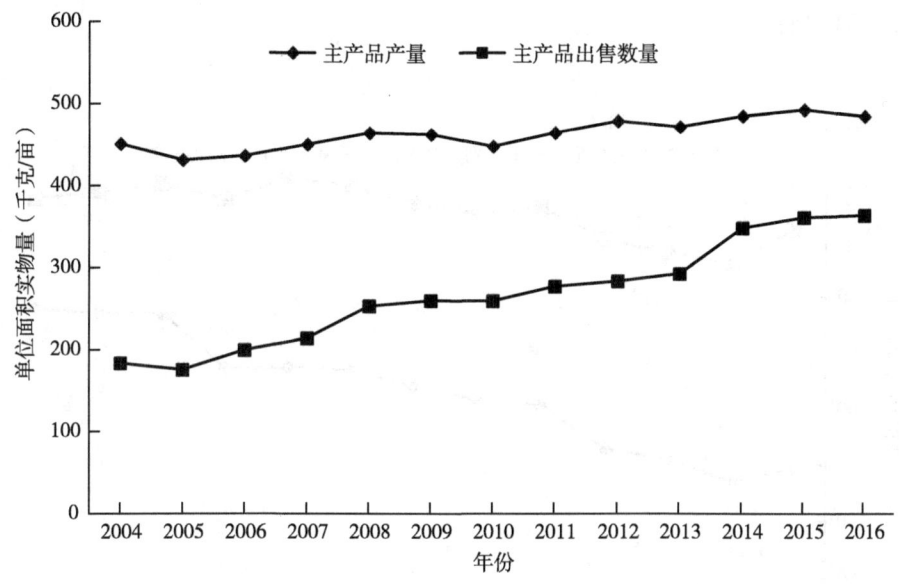

图 4-5　2004—2016 年基于产品实物量维度我国水稻产品产出变化情况

(数据来源:《全国农产品成本收益资料汇编》)

(2) 基于产品产值的维度　在基于产品产值维度下,2004—2016 年我国水稻的主产品产值和主产品出售产值整体均是保持着波动中上升的发展态势,而副产品产值则是逐年下降。主产品产值和主产品出售产值分别由 2004 年的 719.80 元/亩和 292.53 元/亩上升至 2016 年的 776.15 元/亩和 577.81 元/亩,上升幅度分别达到了 7.83%和 97.52%,

年均增长率分别达到了 0.63% 和 5.84%，而副产品产值则是由 2004 年的 19.93 元/亩下降至 2016 年的 10.31 元/亩，下降幅度达到了 48.29%，年均增长率为-5.35%（图 4-6）。稻谷主产品市场售价先是由 2004 年 1.60 元/千克逐步增加至 2014 年的 2.81 元/千克，价格增长趋势比较明显，随后基本维持在 2.74~2.76 元/千克。因而，主产品出售产值在主产品产值中所占的比重也由 2004 年的 4.64% 上升至 2016 年的 74.45%。

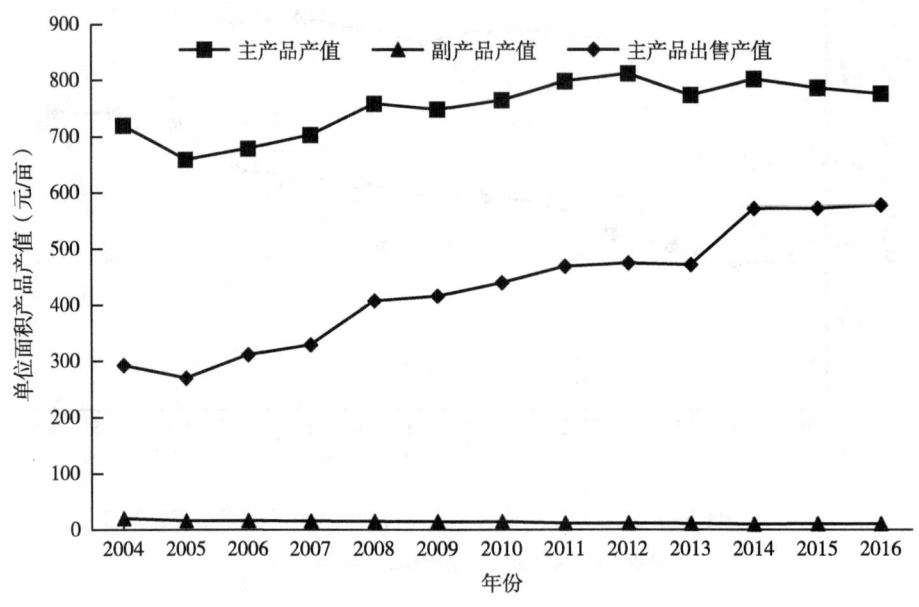

图 4-6　2004—2016 年基于产品产值维度我国水稻产品产出变化情况
（数据来源：《全国农产品成本收益资料汇编》）

（3）基于产品收益的维度　在基于产品收益维度下，2004—2016 年我国水稻的净利润和现金收益整体均呈现波动中趋于下降的发展态势。净利润受到成本与产值的共同影响，总成本的上涨幅度远大于总收益的上涨幅度，导致我国水稻的净利润逐年趋于下降。我国水稻的净利润和现金收益分别由2004年的285.09元/亩和484.70元/亩下降至2016年的72.95元/亩和380.03元/亩，下降幅度分别达到了74.41%和21.60%，年均增长率分别为-10.74%和-2.01%（图4-7）。

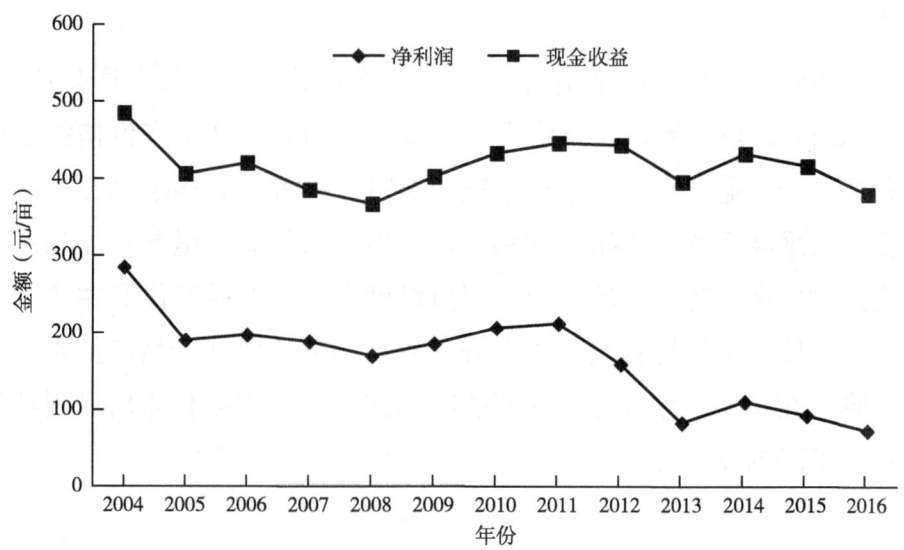

图4-7　2004—2016年基于产品收益维度我国水稻产品产出变化情况

（数据来源：《全国农产品成本收益资料汇编》）

4.2.3　小结

以2004年为基期，使用消费者物价指数、农业生产资料综合指数对我国水稻的各项成本进行平减，2004—2016年我国水稻总成本整体呈逐年增加的发展态势。其中，在基于经济成本维度下，我国水稻的生产成本与土地成本均有不同程度的增加。生产成本在总成本中始终占据主导地位，但其在总成本中所占的比重却呈逐年下降的发展态势；在基于会计成本维度下，我国水稻的现金成本与机会成本均呈现不同程度的上升，机会成本已经超过了现金成本而在水稻总成本中占据绝对主导地位；在基于技术进步路径模式维度下，除生物化学投入成本和其他成本外，我国水稻的机械投入成本、人工成本、土地成本均有不同程度的增加。5类成本及其在总成本中所占的比重由高到低依次为人工成本、生物化学投入成本、土地成本、机械投入成本、其他成本。

以2004年为基期，使用水稻生产价格指数对水稻的主产品产值、主产品出售产值、副产品产值进行平减，使用农产品生产价格指数对水稻的现金收益和净利润进行平减。2004—2016年我国水稻在基于产品实物量维度下的主产品产量和主产品出售数量总体呈现在波动中趋于上升的发展态势。在基于产品产值维度下的主产品产值和主产品出售产值整体均是保持着波动中上升的发展态势，而副产品产值则是逐年下降。在基于产品收益维度下的净利润和现金收益整体均呈现波动中趋于下降的发展态势。

4.3 不同种植区域水稻生产投入产出比较分析

为了充分挖掘我国水稻生产潜力，努力增加供给量，确保一定自给率，根据其生育期的不同和品种特性，在我国种植的水稻有粳稻和籼稻两大种类，其中籼稻又可根据生育期的不同，分为早籼稻、中籼稻和晚籼稻3种，因而划分了粳稻种植区、早籼稻种植区、中籼稻种植区和晚籼稻种植四大种植区域。本节针对不同种植区域水稻的成本投入和产品产出进行比较分析。

按照《全国农产品成本收益资料汇编》的统计口径，2004—2016年，我国粳稻种植区主要包括河北、内蒙古、辽宁、吉林、黑龙江、江苏、浙江、安徽、山东、河南、湖北、云南和宁夏13个省区，早籼稻种植区主要包括浙江、安徽、福建、江西、湖北、湖南、广东、广西和海南9个省区，中籼稻种植区主要包括江苏、安徽、福建、河南、湖北、湖南、重庆、四川、贵州和陕西10个省市，晚籼稻种植区主要包括浙江、安徽、福建、江西、湖北、湖南、广东、广西和海南9个省区。

4.3.1 不同种植区域的水稻成本投入比较分析

本节通过使用统计学的方差分析方法，基于2004—2016年水稻投入成本数据，对四大水稻种植区现阶段基于经济成本维度、会计成本维度、技术进步路径模式维度的成本构成项目进行比较分析，并使用Student-Newman-Keuls（S-N-K）多重比较分析方法进一步探讨不同种植区域间的差异性。

对四大水稻种植区总成本的方差分析结果显示，总成本的单因素方差分析 F 值为15.191，在0.01的显著性水平下显著，表明粳稻种植区、早籼稻种植区、中籼稻种植区和晚籼稻种植区四大水稻种植区域之间的总成本存在显著的差异（表4-2）。

表4-2 不同种植区水稻总成本的单因素方差分析结果

方差来源	偏差平方和	自由度	均方	F 值	Prob>F
组间方差	5 253 164.423	3	1 751 054.808	15.191	0.000
组内方差	60 977 831.957	529	115 270.004		
总方差	66 230 996.380	532			

通过使用S-N-K多重比较分析法进一步研究不同水稻种植区之间总成本的差异，结果显示：在0.05的显著性水平下，不同种植区的水

稻总成本存在差异，并将四大水稻种植区总成本划分为两组（表4-3）。第1组为早籼稻种植区、中籼稻种植区和晚籼稻种植区，现阶段总成本分别为763.379元/亩、835.117元/亩和788.983元/亩；第2组为粳稻种植区，现阶段总成本为1 003.792元/亩。

表4-3 不同种植区水稻总成本的S-N-K多重比较分析结果

区域	N	α=0.05	
		1	2
早籼稻种植区	117	763.379	
晚籼稻种植区	117	788.983	
中籼稻种植区	130	835.117	
粳稻种植区	169		1003.792
显著性		0.204	1.000

以下将从经济成本、会计成本和技术进步路径模式3个维度出发，比较分析我国不同种植区的水稻成本投入情况。

（1）基于经济成本的维度 水稻四大种植区基于经济成本维度的生产成本与土地成本的方差分析结果显示，生产成本与土地成本的单因素方差分析 F 值分别为7.510和44.834，均在0.01的显著水平下显著，表明四大种植区之间的水稻生产成本与土地成本均存在显著性差异（表4-4）。

表4-4 基于经济成本维度的单因素方差分析结果

成本构成项目	F 值	显著性
生产成本	7.510	0.000
土地成本	44.834	0.000

使用S-N-K多重比较分析法进一步研究不同水稻种植区生产成本

的差异,结果显示:在0.05的显著性水平下,不同种植区的水稻生产成本存在差异,并将四大种植区的水稻生产成本划分为两组(表4-5)。第1组为早籼稻种植区、晚籼稻种植区和中籼稻种植区,现阶段生产成本分别为653.332元/亩、675.629元/亩和725.554元/亩;第2组为粳稻种植区,现阶段生产成本为798.624元/亩。通过比较可以看出,粳稻种植区的生产成本要明显高于早籼稻种植区、晚籼稻种植区和中籼稻种植区。

表4-5 不同种植区水稻生产成本的S-N-K多重比较分析结果

区域	N	$\alpha=0.05$	
		1	2
早籼稻种植区	117	653.332	
晚籼稻种植区	117	675.629	
中籼稻种植区	130	725.554	
粳稻种植区	169		798.624
显著性		0.098	1.000

使用S-N-K多重比较分析法进一步研究不同水稻种植区土地成本的差异,结果显示:在0.05的显著性水平下,不同种植区的水稻土地成本存在差异,并将四大种植区的水稻土地成本划分为两组(表4-6)。第1组为中籼稻种植区、早籼稻种植区和晚籼稻种植区,现阶段水稻土地成本分别为109.570元/亩、110.068元/亩和113.354元/亩;第2组为粳稻种植区,现阶段水稻土地成本为205.169元/亩。通过比较可以看出,粳稻种植区的土地成本要明显高于早籼稻种植区、晚籼稻种植区和中籼稻种植区。

表 4-6　不同种植区水稻土地成本的 S-N-K 多重比较分析结果

区域	N	$\alpha=0.05$	
		1	2
中籼稻种植区	130.000	109.570	
早籼稻种植区	117.000	110.068	
晚籼稻种植区	117.000	113.354	
粳稻种植区	169.000		205.169
显著性		0.935	1.000

（2）基于会计成本的维度　水稻四大种植区基于会计成本维度的现金成本与机会成本的方差分析结果显示，现金成本与机会成本的单因素方差分析 F 值分别为 34.377 和 7.436，均在 0.01 的显著性水平下显著，充分表明水稻四大种植区之间的现金成本与机会成本均存在显著的差异（表 4-7）。

表 4-7　基于会计成本维度的单因素方差分析结果

成本构成项目	F 值	显著性
现金成本	34.377	0.000
机会成本	7.436	0.000

使用 S-N-K 多重比较分析法进一步研究不同水稻种植区现金成本的差异，结果显示：在 0.05 的显著性水平条件下，不同种植区的水稻现金成本存在差异，并将水稻四大种植区的现金成本划分为两组（表 4-8）。第 1 组为中籼稻种植区、早籼稻种植区和晚籼稻种植区，现阶段现金成本为 376.953 元/亩、393.229 元/亩和 418.071 元/亩；第 2 组为粳稻种植区，现阶段现金成本为 532.762 元/亩。通过比较可以看出，粳稻种植区的现金成本要明显高于早籼稻种植区、晚籼稻种植区和中籼稻种植区。

表 4-8　不同种植区水稻现金成本的 S-N-K 多重比较分析结果

区域	N	α=0.05	
		1	2
中籼稻种植区	130	376.953	
早籼稻种植区	117	393.229	
晚籼稻种植区	117	418.071	
粳稻种植区	169		532.762
显著性		0.067	1.000

使用 S-N-K 多重比较分析法进一步研究不同水稻种植区机会成本的差异，结果显示：在 0.05 的显著性水平条件下，不同种植区的水稻机会成本存在差异，并将四大种植区的水稻机会成本划分为两组（表 4-9）。第 1 组为早籼稻种植区和晚籼稻种植区，现阶段的机会成本分别为 370.151 元/亩和 372.622 元/亩；第 2 组为中籼稻种植区和粳稻种植区，现阶段机会成本分别为 458.165 元/亩和 471.031 元/亩。

表 4-9　不同种植区水稻机会成本的 S-N-K 多重比较分析结果

区域	N	α=0.05	
		1	2
早籼稻种植区	117	370.151	
晚籼稻种植区	117	372.622	
中籼稻种植区	130		458.165
粳稻种植区	169		471.031
显著性		0.931	0.651

（3）基于技术进步路径模式的维度　水稻四大种植区基于技术进步路径模式维度的生物化学投入成本、机械投入成本、土地成本、人工成本与其他成本的方差分析结果显示：生物化学投入成本、机械投入成本、土地成本、人工成本与其他成本的单因素方差分析 F 值分别为 24.737、24.838、44.834、7.639 和 29.116，均在 0.01 的显著性水平下

显著，充分表明水稻四大种植区之间的生物化学投入成本、机械投入成本、土地成本、人工成本与其他成本均存在显著性的差异（表4-10）。

表4-10 基于技术进步路径模式维度的单因素方差分析结果

成本构成项目	F 值	显著性
生物化学投入成本	24.737	0.000
机械投入成本	24.838	0.000
土地成本	44.834	0.000
人工成本	7.639	0.000
其他成本	29.116	0.000

使用S-N-K多重比较分析法进一步研究不同水稻种植区生物化学投入成本的差异，结果显示：在0.05的显著性水平下，不同种植区的水稻生物化学投入成本存在差异，并将水稻四大种植区的生物化学投入成本划分为4组（表4-11）。第1组为中籼稻种植区，现阶段生物化学投入成本为175.839元/亩；第2组为早籼稻种植区，现阶段生物化学投入成本为191.624元/亩；第3组为晚籼稻种植区，现阶段生物化学投入成本为209.815元/亩；第4组为粳稻种植区，现阶段生物化学投入成本为230.750元/亩。通过比较可以看出，粳稻种植区的生物化学投入成本要明显高于早籼稻种植区、晚籼稻种植区和中籼稻种植区。

表4-11 不同种植区水稻生物化学投入成本的S-N-K多重比较分析结果

区域	N	$\alpha=0.05$			
		1	2	3	4
中籼稻种植区	130	175.839			
早籼稻种植区	117		191.624		
晚籼稻种植区	117			209.815	
粳稻种植区	169				230.750
显著性		1.000	1.000	1.000	1.000

使用 S-N-K 多重比较分析法进一步研究不同水稻种植区机械投入成本的差异,结果显示:在 0.05 的显著性水平下,不同种植区的水稻机械投入成本存在差异,并将水稻四大种植区的机械投入成本划分为 3 组(表 4-12)。第 1 组为中籼稻种植区,现阶段机械投入成本为 101.042 元/亩;第 2 组为早籼稻种植区和晚籼稻种植区,现阶段机械投入成本分别为 120.406 元/亩和 127.079 元/亩;第 3 组为粳稻种植区,现阶段机械投入成本为 164.780 元/亩。通过比较可以看出,粳稻种植区的机械投入成本要明显高于早籼稻种植区、晚籼稻种植区和中籼稻种植区。

表 4-12　不同种植区水稻机械投入成本的 S-N-K 多重比较分析结果

区域	N	$\alpha=0.05$		
		1	2	3
中籼稻种植区	130	101.042		
早籼稻种植区	117		120.406	
晚籼稻种植区	117		127.079	
粳稻种植区	169			164.780
显著性		1.000	0.415	1.000

使用 S-N-K 多重比较分析法进一步研究不同水稻种植区土地成本的差异,结果显示:在 0.05 的显著性水平下,不同种植区的水稻土地成本存在差异,并将四大种植区的水稻土地成本划分为两组(表 4-13)。第 1 组为中籼稻种植区、早籼稻种植区和晚籼稻种植区,现阶段水稻土地成本分别为 109.570 元/亩、110.068 元/亩和 113.354 元/亩;第 2 组为粳稻种植区,现阶段水稻土地成本为 205.169 元/亩。通过比较可以看出,粳稻种植区的土地成本要明显高于早籼稻种植区、晚籼稻种植区和中籼稻种植区。

表 4-13　不同种植区水稻土地成本的 S-N-K 多重比较分析结果

区域	N	$\alpha = 0.05$	
		1	2
中籼稻种植区	130	109.570	
早籼稻种植区	117	110.068	
晚籼稻种植区	117	113.354	
粳稻种植区	169		205.169
显著性		0.935	1.000

使用 S-N-K 多重比较分析法进一步研究不同水稻种植区人工成本的差异,结果显示:在 0.05 的显著性水平下,不同种植区的水稻人工成本存在差异,并将四大种植区的水稻人工成本划分为两组(表 4-14)。第 1 组为早籼稻种植区和晚籼稻种植区,现阶段水稻人工成本分别为 301.955 元/亩和 304.652 元/亩;第 2 组为粳稻种植区和中籼稻种植区,现阶段水稻人工成本分别为 374.696 元/亩和 403.937 元/亩。

表 4-14　不同种植区水稻人工成本的 S-N-K 多重比较分析结果

区域	N	$\alpha = 0.05$	
		1	2
早籼稻种植区	117	301.955	
晚籼稻种植区	117	304.652	
粳稻种植区	169		374.696
中籼稻种植区	130		403.937
显著性		0.917	0.257

使用 S-N-K 多重比较分析法进一步研究不同水稻种植区其他成本的差异,结果显示:在 0.05 的显著性水平下,不同种植区的水稻其他成本存在差异,并将四大种植区的水稻其他成本划分为 4 组(表 4-15)。第 1 组为粳稻种植区,现阶段水稻其他成本为 28.398 元/亩;第 2 组为晚籼稻种植区,现阶段水稻其他成本为 34.083 元/亩;第 3 组为早籼稻

种植区，现阶段水稻其他成本为 39.325 元/亩；第 4 组为中籼稻种植区，现阶段水稻其他成本为 44.730 元/亩。

表 4-15 不同种植区水稻其他成本的 S-N-K 多重比较分析结果

区域	N	$\alpha=0.05$			
		1	2	3	4
粳稻种植区	169	28.398			
晚籼稻种植区	117		34.083		
早籼稻种植区	117			39.325	
中籼稻种植区	130				44.730
显著性		1.000	1.000	1.000	1.000

4.3.2 不同种植区的水稻产品产出比较分析

本节通过使用统计学的方差分析方法，基于 2004—2016 年水稻产品产出数据，对水稻四大种植区现阶段基于产品实物量维度、产品产值维度、产品收益维度的产品产出情况进行比较分析，并使用 S-N-K 多重比较分析方法进一步探讨不同区域间的差异性。

（1）基于产品实物量的维度 水稻四大种植区基于产品实物量维度的主产品产量、主产品已出售产量的方差分析结果显示，主产品产量、主产品已出售产量的单因素方差分析 F 值分别为 198.566 和 41.233，均在 1% 的显著性水平下显著，表明水稻四大种植区之间的主产品产量、主产品已出售产量均存在显著的差异（表 4-16）。

表 4-16 基于产品实物量维度的单因素方差分析结果

成本构成项目	F 值	显著性
主产品产量	198.566	0.000
主产品已出售产量	41.233	0.000

使用S-N-K多重比较分析法进一步研究不同水稻种植区主产品产量的差异，结果显示：在0.05的显著性水平下，不同种植区的水稻主产品产量存在差异，并将水稻四大种植区的主产品产量划分为3组（表4-17）。第1组为早籼稻种植区和晚籼稻种植区，现阶段主产品产量分别为405.073千克/亩和415.180千克/亩；第2组为中籼稻种植区，现阶段主产品产量为500.823千克/亩；第3组为粳稻种植区，现阶段主产品产量为533.159千克/亩。通过比较可以看出，粳稻种植区的主产品产量要明显高于早籼稻种植区、晚籼稻种植区和中籼稻种植区。

表4-17 不同种植区水稻主产品产量的S-N-K多重比较分析结果

区域	N	$\alpha=0.05$		
		1	2	3
早籼稻种植区	117	405.073		
晚籼稻种植区	117	415.180		
中籼稻种植区	130		500.823	
粳稻种植区	169			533.159
显著性		0.121	1.000	1.000

使用S-N-K多重比较分析法进一步研究不同水稻种植区主产品出售产量的差异，结果显示：在0.05的显著性水平下，不同种植区的水稻主产品出售产量存在差异，并将水稻四大种植区的主产品出售产量划分为4组（表4-18）。第1组为晚籼稻种植区，现阶段主产品出售产量为203.712千克/亩；第2组为早籼稻种植区，现阶段主产品出售产量为235.948千克/亩；第3组为中籼稻种植区，现阶段主产品出售产量为277.612千克/亩；第4组为粳稻种植区，现阶段主产品出售产量为351.574千克/亩。通过比较可以看出，粳稻种植区的主产品出售

产量要高于早籼稻种植区、晚籼稻种植区和中籼稻种植区。

表 4-18 不同种植区水稻主产品出售产量的 S-N-K 多重比较分析结果

区域	N	$\alpha=0.05$			
		1	2	3	4
晚籼稻种植区	117	203.712			
早籼稻种植区	117		235.948		
中籼稻种植区	130			277.612	
粳稻种植区	169				351.574
显著性		1.000	1.000	1.000	1.000

（2）基于产品产值的维度 水稻四大种植区基于产品产值维度的主产品产值和主产品已出售产值的方差分析结果显示，主产品产值和主产品已出售产值的单因素方差分析 F 值分别为 53.866 和 36.286，均在 1% 的显著性水平下显著，表明水稻四大种植区之间的主产品产值和主产品已出售产值均存在显著的差异（表 4-19）。

表 4-19 基于产品产值维度的单因素方差分析结果

成本构成项目	F 值	显著性
主产品产值	53.866	0.000
主产品出售产值	36.286	0.000

使用 S-N-K 多重比较分析法进一步研究不同水稻种植区主产品产值的差异，结果显示：在 0.05 的显著性水平下，不同种植区的水稻主产品产值存在差异，并将水稻四大种植区的主产品产值划分为 4 组（表 4-20）。第 1 组为早籼稻种植区，现阶段主产品产值为 872.292 元/亩；第 2 组为晚籼稻种植区，现阶段主产品产值为 952.718 元/亩；第 3 组为中籼稻种植区，现阶段主产品产值为 1 079.914 元/亩；第 4

组为粳稻种植区,现阶段主产品产值为 1 308.815 元/亩。

表 4-20　不同种植区水稻主产品产值的 S-N-K 多重比较分析结果

区域	N	α=0.05			
		1	2	3	4
早籼稻种植区	117	872.292			
晚籼稻种植区	117		952.718		
中籼稻种植区	130			1 079.914	
粳稻种植区	169				1 308.815
显著性		1.000	1.000	1.000	1.000

使用 S-N-K 多重比较分析法进一步研究不同水稻种植区主产品出售产值的差异,结果显示:在 0.05 的显著性水平下,不同种植区的水稻主产品出售产值存在差异,并将水稻四大种植区的主产品已出售产值划分为 3 组(表 4-21)。第 1 组为晚籼稻种植区和早籼稻种植区,现阶段主产品出售产值分别为 479.170 元/亩和 523.886 元/亩;第 2 组为中籼稻种植区,现阶段主产品出售产值为 616.992 元/亩;第 3 组为粳稻稻种植区,现阶段主产品出售产值为 868.146 元/亩。

表 4-21　不同种植区水稻主产品已出售产值的 S-N-K 多重比较分析结果

区域	N	α=0.05		
		1	2	3
晚籼稻种植区	117	479.170		
早籼稻种植区	117	523.886		
中籼稻种植区	130		616.992	
粳稻种植区	169			868.146
显著性		0.305	1.000	1.000

(3)基于产品收益的维度　水稻四大种植区基于产品收益维度的净利润、现金收益的方差分析结果显示,净利润、现金收益的单因素方差

分析 F 值分别为 60.421 和 73.013，均在 1% 的显著性水平下显著，表明水稻四大种植区的净利润、现金收益均存在显著的差异（表4-22）。

表 4-22　基于产品收益维度的单因素方差分析结果

成本构成项目	F 值	显著性
净利润	60.421	0.000
现金收益	73.013	0.000

使用 S-N-K 多重比较分析法进一步研究不同水稻种植区净利润的差异，结果显示：在 0.05 的显著性水平下，不同种植区的水稻净利润存在差异，并将水稻四大种植区的净利润划分为 4 组（表4-23）。第 1 组为早籼稻种植区，现阶段净利润为 122.693 元/亩；第 2 组为晚籼稻种植区，现阶段净利润为 178.531 元/亩；第 3 组为中籼稻种植区，现阶段净利润为 261.078 元/亩；第 4 组为粳稻种植区，现阶段净利润为 345.538 元/亩。净利润受到总成本与总产值的共同影响。

表 4-23　不同种植区水稻净利润的 S-N-K 多重比较分析结果

区域	N	$\alpha=0.05$			
		1	2	3	4
早籼稻种植区	117	122.693			
晚籼稻种植区	117		178.531		
中籼稻种植区	130			261.078	
粳稻种植区	169				345.538
显著性		1.000	1.000	1.000	1.000

使用 S-N-K 多重比较分析法进一步研究不同水稻种植区现金收益的差异，结果显示：在 0.05 的显著性水平下，不同种植区的水稻现金收益存在差异，并将水稻四大种植区的现金收益划分为 4 组

(表4-24)。第1组为早籼稻种植区,现阶段现金收益为492.847元/亩;第2组为晚籼稻种植区,现阶段现金收益为551.155元/亩;第3组为中籼稻种植区,现阶段现金收益为719.243元/亩;第4组为粳稻种植区,现阶段现金收益为816.569元/亩。现金收益受到现金成本与总产值的共同影响。

表4-24 不同种植区水稻现金收益的S-N-K多重比较分析结果

区域	N	$\alpha=0.05$			
		1	2	3	4
早籼稻种植区	117	492.847			
晚籼稻种植区	117		551.155		
中籼稻种植区	130			719.243	
粳稻种植区	169				816.569
显著性		1.000	1.000	1.000	1.000

4.3.3 小结

我国水稻生产初步成型了粳稻种植区、早籼稻种植区、中籼稻种植区和晚籼稻种植区四大种植区。

成本投入方面,通过运用方差分析法及S-N-K多重比较分析方法进一步探讨不同区域间的差异性,结果显示:我国水稻四大种植区总成本存在显著的差异。现阶段早籼稻种植区、晚籼稻种植区和中籼稻种植区的总成本分别为763.379元/亩、788.983元/亩和835.117元/亩,粳稻种植区的总成本为1 003.792元/亩。与此同时,水稻四大种植区基于经济成本维度的水稻生产成本与土地成本,基于会计成本维度的现金成本与机会成本,基于技术进步路径模式维度的生物化学投入成本、机械投入成本、土地成本、人工成本与其他成本,均存在显著的差异。

产品产出方面，水稻四大种植区基于产品实物量维度的主产品产量与主产品已出售产量，基于产品产值维度的主产品产值、主产品已出售产值，基于产品收益维度的净利润、现金收益，均存在显著的差异。

4.4 本章小结

本章主要运用静态分析法分析水稻投入和产出的现阶段特征，运用动态分析法分析水稻投入和产出的动态演变趋势，运用方差分析法与 S-N-K 分析法比较分析不同种植区的水稻成本投入和产出状况，主要研究结论如下。

（1）我国水稻成本投入和产品产出的现阶段特点　成本投入方面，现阶段我国水稻总成本为 661.60 元/亩，基于经济成本维度的生产成本与土地成本分别为 973.86 元/亩和 209.04 元/亩，基于会计成本维度的现金成本与机会成本分别为 587.29 元/亩和 595.61 元/亩，基于技术进步路径模式维度的生物化学投入成本、机械投入成本、人工成本、土地成本和其他成本分别为 241.29 元/亩、196.55 元/亩、498.48 元/亩、209.04 元/亩和 37.54 元/亩。产品产出方面，现阶段我国水稻基于产品实物量维度的主产品产量和主产品已出售产量分别为 483.51 千克/亩和 341.46 千克/亩，基于产品产值维度的主产品产值、副产品产值和主产品已出售产值分别为 1 334.49 元/亩、17.65 元/亩和 933.72 元/亩，基于产品收益维度的净利润和现金收益分别为 169.25 元/亩和 764.86 元/亩。

（2）我国水稻成本投入和产品产出的动态变化特征　成本投入方面，2004—2016 年，我国水稻总成本整体呈逐年增加的发展态势。基于经济成本维度下的生产成本与土地成本，基于会计成本维度下的现金成本与机会成本，基于技术进步路径模式维度下，除生物化学投入成本和其他成本外，机械投入成本、人工成本、土地成本均有不同程度的增加。产品产出方面，2004—2016年，我国水稻在基于产品实物量维度下的主产品产量和主产品已出售数量总体呈现在波动中趋于上升的发展态势。在基于产品产值维度下的主产品产值和主产品已出售产值整体均保持着波动中上升的发展态势，而副产品产值则是逐年下降。在基于产品收益维度下的净利润和现金收益整体均呈现波动中趋于下降的发展态势。

（3）水稻四大种植区成本投入和产品产出的比较分析　成本投入方面，我国水稻四大种植区总成本，基于经济成本维度的水稻生产成本与土地成本，基于会计成本维度的现金成本与机会成本，基于技术进步路径模式维度的生物化学投入成本、机械投入成本、土地成本、人工成本与其他成本，均存在显著的差异。产品产出方面，我国水稻四大种植区基于产品实物量维度的主产品产量和主产品已出售产量，基于产品产值维度的主产品产值和主产品已出售产值，基于产品收益维度的净利润和现金收益，均存在显著的差异。

5 中美水稻生产的成本差异比较分析

美国是世界水稻生产的新兴国家之一，自然条件较好，国家水稻生产对于美国稻农生产与生活至关重要，同时也是世界重要的稻米出口国家之一，美国虽然只生产世界2%的稻米，但其出口量却占到世界稻米出口量的10%以上，也是除了东南亚之外最大的稻米出口地。加拿大、北非、地中海东部、拉丁美洲等地大多数的稻米都是由美国提供。美国水稻的主产区仅有南方和加州两个产区。南方产区是个跨越阿肯色、密苏里、路易斯安那、得克萨斯和密西西比5个州的狭长地带，其水稻种植面积约占美国的83.5%，其中阿肯色州是美国水稻种植州之王，一个州的种植面积就占了美国的46.8%。而整个加州产区也只占美国的16.5%。美国的水稻生产具有大面积、高成本、高产量、高补贴、高出口的特点，水稻种植主要集中在一些大型的农场中，从事水稻种植的人员少，户均生产面积大，机械化程度高，劳动生产效率高，水稻产量高。而中国则仍是以农户家庭为基本生产单位的生产经营方式。生产经营方式的不同使得中美两国水稻生产的成本水平和成本构成上存在着较大的差异。本章通过对中国与美国水稻生产成本的差异性进行比较研究，深入分析美国在水稻生产过程中在成本控制方面的启示，进而为中国水稻生产发展提供科学的决策参考。

5.1 中美农作物成本核算体系及指标调整

不同国情、自然条件、要素禀赋等因素的差异使得中美两国在农作物成本收益核算体系方面存在一定的差异。由于中美水稻生产及成本核算体系有着较大的差异性，无法用来进行直接比较，因此需要在梳理两者核算体系的基础上，对两个国家的比较指标进行调整。

5.1.1 中美农作物成本核算体系概述

美国的农产品成本核算体系与中国的成本核算体系有所不同，包括作物生产的运营成本（Operation Costs）和间接费用（Allocated Overhead）两部分。其中，运营成本包含种子费、肥料、农药等投入品费用、机械作业费、燃料、润滑油和电力费、排灌费、修理费用以及作业资本利息等方面；间接费用包含设备折旧、雇工费、未付费劳动（一般是农场主等家庭劳动力）机会成本、土地机会成本（地租）、税金与保险费用以及农场生产经营过程中产生的管理费用等方面。

中国的农作物核算体系包括生产成本和土地成本两部分，生产成本又分为物质与服务费用和人工成本。其中，物质与服务费用包括种子费、化肥和农家肥费用、农药费、农膜费、机械作业及相关费用、排灌费、农技服务费、设施的修理维护费等直接费用以及生产经营中的固定资产折旧、保险费、管理、财务、销售等环节产生的间接费用。

5.1.2 中美水稻成本比较指标调整

中美不同的农作物成本核算体系的差异会对比较研究产生影响，必须要按一定方法对成本指标做出相应的调整，从而使两者之间最大程度上具有较好的可比性。回顾以往国内研究学者所用的方法，万劲松（2003）利用经济成本理论，将总成本分为现金成本和机会成本两部分进行比较。田新建（2005）利用西方经济学的成本论，按可变成本（AVC）和不变成本（AFC）进行成本指标分类。刘爱民和徐丽明（2002）、张亚伟和朱增勇（2013）、范少玲和史建民（2014）等则是按作物生产过程中的费用产生方式，将成本指标转化为直接成本和间接成本进行比对。按照《全国农产品成本收益资料汇编》中提供的成本核算体系，中国的水稻生产总成本主要包括生产成本和土地成本，其中生产成本包括直接费用、间接费用及人工成本；美国的水稻生产成本核算体系则是包括运营成本和间接费用，其中运营成本可比中国的直接费用，间接费用可比中国的间接费用、人工成本和土地成本之和。因此，本节将中美的成本核算体系拆分合并，得到包括直接费用、间接费用、人工成本和土地成本4项的水稻生产总成本。

研究采取将不同成本项目转化成直接成本和间接成本的方式进行对比口径的调整。其中，直接成本包括水稻生产过程中所直接产生的物质资料投入、农机具投入、雇工和维修服务等费用；间接成本包括土地成本、人工成本、固定资产折旧和保险等费用（表5-1）。

表5-1 中美水稻成本收益核算体系及比较指标调整

国家	直接费用	间接费用	人工成本	土地成本
中国	种子费、化肥及农家肥费、农药费、农膜费、机械作业与畜力费、排灌费、燃料动力费、技术服务费、工具材料费、维护修理费、其他直接费用	固定资产折旧、保险费、管理费、财务费、销售费	家庭用工折价、雇工费	流转地租金、自营地折租
美国	种子费、肥料费、农药费、作业费、排灌费、燃料动力费、修理费、利息	固定资产折旧、税金和保险费、管理费	家庭劳动机会成本、雇工费用	土地机会成本

数据来源：中国数据来自《全国农产品成本收益资料汇编》，美国数据来自美国农业部（USDA）。

5.2 中美水稻生产的成本差异比较分析

中美两国农业发展水平不同，单纯进行比较成本高低的意义不大。因此，本节着重从成本水平高低和成本结构情况两个方面出发，深入比较中美两国在水稻生产的成本方面所存在的主要差异。

5.2.1 中美水稻生产的成本水平差异分析

从总体发展的角度来看，除个别年份所有下降外，2013—2017年中美两国水稻生产的总成本整体均表现出不断上涨的发展态势（图5-1）。其中，中国水稻生产的总成本由2013年的1 151.11元/亩增加到2017年的1 210.19元/亩；而美国水稻生产的总产本虽然在初期有所减少，到后期则表现出明显的上涨态势，由2015年的996.76元/亩增加到2017年的1 049.50元/亩。但是，从水稻生产的成本数量和变动规律看，中美两国之间还存在一定的差异，主要体现在以下两个方面：一方面，中美两国水稻生产的总成本存在明显差距，2013—2017年中国水稻生产的总成本整体要明显高于美国。虽然在2016—2017年中国水稻生产总成本的增幅由所放缓而美国水稻生产总成本的增幅有所扩大，使得两国水稻生产总成本的差距有所收窄，但到2017年中美两国之间水稻生产的总成本差值依然达到了160.69元/亩；另一方面，中美两国水稻生产总成本的变动规律各不相同。从成本变动规律的角度来看，中美两国之间存在显著的差异。中国水稻生产总成本呈现不断增加的变动规律，而美国水稻生产总成本则呈现先降后增的变动规律。2013—2017年，中国水稻生产的总成本整体不断上升，虽然上升幅度有所减少，但年均增长率依然达到了1.26%。而美国水稻生产的总成本则先是由 2013 年的 1 058.99 元/亩逐年递减到 2015 年的 996.76 元/亩，随后再逐年增加 2017 年的 1 049.50 元/亩（表5-2）。

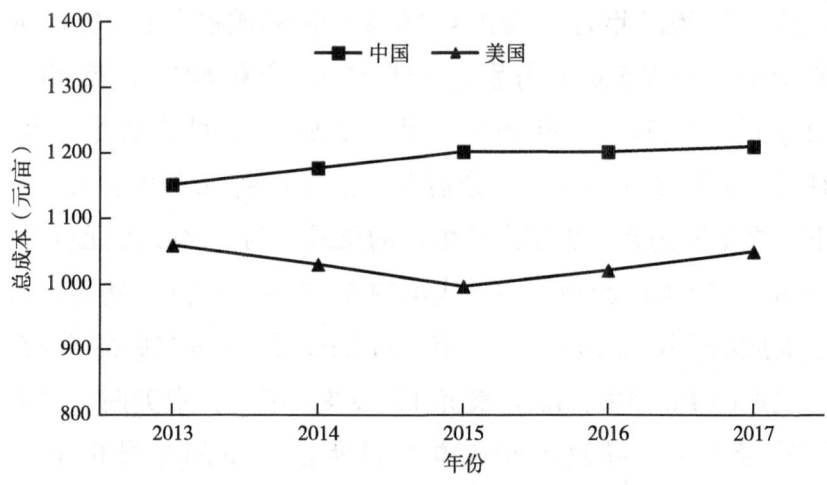

图 5-1　2013—2017 年中美水稻生产总成本变化情况

（数据来源：《全国农产品成本收益资料汇编》）

表 5-2　2013—2017 年中美水稻生产总成本及其增长情况

年份	中国		美国	
	总成本（元/亩）	增长率（%）	总成本（元/亩）	增长率（%）
2013	1 151.11	—	1 058.99	—
2014	1 176.55	2.21	1 030.08	-2.73
2015	1 202.12	2.17	996.76	-3.24
2016	1 201.81	-0.03	1 020.79	2.41
2017	1 210.19	0.70	1 049.50	2.81

数据来源：《全国农产品成本收益资料汇编》。

5.2.2　中美水稻生产的成本构成差异分析

除了成本数量和变动规律存在差异之外，中国和美国水稻生产成本的差异性还体现在两国水稻生产成本的构成方面。第一，中国水稻生产的成本结构是以直接费用和人工成本为主，而美国水稻生产的成本结构则是单纯以直接费用为主、其他各个成本之间相对比较均衡（表5-3）。以2017年为例，中国水稻生产的总成本为1 210.19元/亩，其中直接费用和人工成本分别为474.74元/亩和482.93元/亩，分别占总成本的39.23%和39.91%，而土地成本和间接费用分别仅为229.31元/亩和23.21元/亩，分别仅占总成本的18.95%和1.92%。相比之下与之不同的是，美国水稻生产的总成本为1 049.50元/亩，其中直接费用为577.04元/亩，占总成本的54.98%，而间接费用、人工成本和土地成本分别为196.81元/亩、115.96元/亩和159.69元/亩，分别占总成本的18.75%、11.05%和15.22%。第二，中美两国水稻生产的发展路径不同，导致不同成本科目所占比重的差异也十分显著（表5-4）。以2017年成本构成情况为例，中国水稻生产成本结构中所占比重最高的6类费用支出依次是：人工成本、土地成本、租赁作业费、肥料费、种子费和农药费，分别为482.93元/亩、229.31元/亩、210.74元/亩、132.18元/亩、61.20元/亩和53.04元/亩，分别占总成本的39.91%、18.95%、17.41%、10.92%、5.06%和4.38%；而美国水稻生产成本结构中所占比重最高的6类费用支出依次是：土地成本、固定资产折旧、人工成本、农药费、种子费和肥料费，分别为159.69元/亩、147.61元/亩、115.96元/亩、110.19元/亩、108.16元/亩和105.82元/亩，分别占总成本比重的15.22%、14.06%、11.05%、10.50%、10.31%和10.08%。通过横向具体不同支出科目的比较，可以发现以下特点：①美国使用转基因水稻种子、农药和高价化肥，导致美国水稻生产的农资费用明显高于中国；②美国水稻生产的机械化程度较高，导致美国的固定资产折旧相对较高；③中国的大型机械多数为农业种植合作社或国有农场所有，传统农户和小规模经营者一般选择通过租赁翻耕机、收获机等大型机械进行作业，导致中国的租赁作业费用要相对较高；④人工成本增加是造成中国水稻生产成本明显高于美国的重要原因之一。近年来，虽然中国对于个人购置农机具补贴的力度不断加强，在一定程度上促进中国水稻生产机械化

表 5-3　2017 年中美水稻生产的成本构成情况比较

科目	中国		美国	
	费用（元/亩）	占比（%）	费用（元/亩）	占比（%）
总成本	1 210.19	100.00	1 049.50	100.00
直接费用	474.74	39.23	577.04	54.98
间接费用	23.21	1.92	196.81	18.75
人工成本	482.93	39.91	115.96	11.05
土地成本	229.31	18.95	159.69	15.22

数据来源：《全国农产品成本收益资料汇编》。

表 5-4　2017 年中美水稻生产成本中前 6 类费用支出及在总成本中的比重

中国			美国		
科目	费用（元/亩）	比重（%）	科目	费用（元/亩）	比重（%）
人工成本	482.93	39.91	土地成本	159.69	15.22
土地成本	229.31	18.95	固定资产折旧	147.61	14.06
租赁作业费	210.74	17.41	人工成本	115.96	11.05
肥料费	132.18	10.92	农药费	110.19	10.50
种子费	61.20	5.06	种子费	108.16	10.31
农药费	53.04	4.38	肥料费	105.82	10.08

数据来源：《全国农产品成本收益资料汇编》。

水平的提升，但目前资本投入尚不能完全满足规模扩大的需求，导致个人购置的农机具数量和动力仍然不能足以覆盖水稻生产全过程，在

整地、收获、打药、除草等过程中仍然需要大量人工劳动,另外在不能进行机械耕种的地区和农忙时节还需要额外雇工,进而导致水稻生产中的人工成本不断持续递增。

5.3 中美水稻生产成本差异的成因分析

中美两国经济发展水平、地理条件、气候因素和农业政策等方面的不同,使得两国在农业生产规模、生产方式、生产科技含量和生产保障手段等方面有所不同,成为造成两国水稻生产成本差异产生的主要原因。

5.3.1 生产规模不同

生产规模的不同是造成中美水稻生产成本之间差异的最重要原因。美国土地辽阔、农业现代化程度高,适宜进行规模化生产,主要采用农场主大规模种植的生产模式;而中国的土地经营规模相对较小,许多地区仍以农户种植为主,生产规模与美国的大规模农场生产之间存在差距,使得中国单位面积投入的劳动力数量远大于美国,也使得美国相对于中国水稻生产在规模经济方面的比较优势巨大。

5.3.2 生产方式不同

在美国,许多农场主都拥有装备齐全的水稻耕收机械,水稻生产主要采取机械化生产方式进行,美国成本结构中的固定资产折旧和燃料动力费两项费用的占比非常高,远远高于中国。与美国相比,中国农业现代化发展仍与美国有所差距,许多生产主体本身没有机械化装备,因此水稻生产的机械化程度不高,许多农田改造和耕收作业需要通过租赁农机具设备等方式完成，这就使得中国在作业费方面的支出要高于美国。

5.3.3 科技含量不同

美国水稻在生产过程中投入的科技含量水平要高于中国，这主要体现在种子费和肥料费等费用支出上。美国使用转基因水稻种子、农药和高价化肥，导致美国水稻生产的农资费用明显高于中国。

5.3.4 保障手段不同

政府补贴和金融保险是中美两国保障农业生产的两种主要方式。在美国，美国农业部最新的农业政策中已经大幅弱化了粮食生产补贴政策，取而代之的是以金融保险为主的风险管理政策体系。在中国，水稻生产的主要保障手段仍是各种政策性补贴，虽然金融保险也正在迅速发展，但其发展程度还不够高。

5.4 美国水稻生产对我国的借鉴与启示

5.4.1 因地制宜采取集约化、机械化方式生产

美国根据其地理条件和经济发展水平，在水稻生产中采用规模化、机械化的生产方式。这种方式一方面可以通过规模化生产缩减大量人工成本，另一方面可以通过机械化耕收有效提高水稻生产效率。对于中国而言，一方面，由于地理条件和农业发展水平的不同，在中国全面实施规模化生产并不现实，也不科学。一方面，中国可以通过土地流转等方式，因地制宜地在全国范围内推广以适度规模经营为主要方式的规模化生产，能够高效发挥规模经济带来的效益，抑制人工成本

过快增长。另一方面，机械化生产方式对地理条件的要求并不高，中国可以因地制宜地选择和使用大、中、小型农业机械设备，循序渐进发展，稳步提高水稻生产的机械化水平，政府部门也可适当加大对农机具使用的补贴力度，抵消部分因购置农机具而增加的成本支出，直至实现全面机械化生产。

5.4.2 提高水稻生产的科技含量

从美国水稻生产成本构成中可以看出，种子费、肥料费、燃料动力费等能侧面反映技术含量的成本项目占比都较高，相比较而言，中国水稻生产过程中的科技含量较低，种子质量较差和化肥利用率偏低是主要表征，从成本结构中也可以看出端倪。中国可以借鉴美国成本构成特点，从增加良种研发投入适当增加种子费用，以换取水稻单产的提高；采用测土配方施肥等科技手段，提高肥料利用效率，降低肥料使用量，降低肥料费支出等方面，切实提高水稻生产中的科技含量，从而不断提高水稻生产效率。

5.4.3 科学制定水稻相关产业政策

从美国水稻产业发展条件来看，农业保险有助于在风险到来时保护农业生产主体的切实利益。从美国农业风险管理政策体系的实践中可以看出，在成本结构中扩大保险支出对本国水稻产业发展是颇为有利的，因此美国政策开始倾向于补贴、保险相结合的方式，这种政策制定策略也是符合产业发展规律的。因此，中国农业有关部门在制定水稻产业政策时，应重视政策的科学性、合理性，在规划产业政策和布局时应具长远眼光，从而避免因小失大。

5.5 本章小结

美国是世界水稻生产的新兴国家之一,自然条件较好,国家水稻生产对于美国稻农生产与生活至关重要,同时也是世界重要的稻米出口国家之一。美国的水稻生产具有大面积、高成本、高产量、高补贴、高出口的特点,多采用大规模、机械化的生产经营方式,而中国在水稻生产方面则仍是以农户家庭为基本生产单位的生产经营方式。生产经营方式的不同使得中美两国水稻生产的成本水平和成本构成上有着很大的差异性。

从总体发展的角度来看,除个别年份所有下降外,2013—2017年中美两国水稻生产的总成本整体表现出不断上涨的发展态势。但是,从水稻生产的成本数量和变动规律看,中美两国之间还存在一定的差异,主要体现在以下两个方面:一方面,中美两国水稻生产的总成本存在明显差距,中国水稻生产的总成本整体要明显高于美国;另一方面,从成本变动规律的角度来看,中美两国之间存在显著的差异。中国水稻生产的总成本呈现不断增加的变动规律,而美国水稻生产的总成本则呈现先降后增的变动规律。

除了成本数量和变动规律存在差异之外,中国和美国水稻生产成本的差异性还体现在两国水稻生产成本的构成方面。第一,中国水稻生产的成本结构是以直接费用和人工成本为主,而美国水稻生产的成本结构则是单纯以直接费用为主、其他各个成本之间相对比较均衡;第二,中美两国水稻生产的发展路径不同,导致不同成本科目所占比重的差异也十分显著。通过横向具体不同支出科目的比较,可以发现以下几个特点:①美国使用转基因水稻种子、农药和高价化肥,导致美国水稻生产的农资费用明显高于中国；②美国水稻生产的机械化程度较高，导致美国的固定资产折旧要相对较高；③中国的大型机械多数为农业种植合作社或国有农场所有，传统农户和小规模经营者一般选择通过租赁翻耕机、收获机等大型机械进行作业，导致中国的租赁作业费用相对较高；④人工成本增加是造成中国水稻生产成本明显高于美国的重要原因之一。近年来，虽然中国对于个人购置农机具补贴的力度不断加强，在一定程度上促进中国水稻生产机械化水平的提升，但目前资本投入尚不能完全满足规模扩大的需求，导致个人购置的农机具数量和动力仍然不足以覆盖水稻生产全过程，在整地、收获、打药、除草等过程中仍然需要大量人工劳动，另外在不能进行机械耕种的地区和农忙时节还需要额外雇工，进而导致水稻生产中的人工成本不断持续递增。

6 我国水稻生产收益的影响因素分析

水稻生产活动受到基本投入要素、自然环境条件、经济发展阶段与区域环境、制度环境等众多因素的影响。本章首先基于超越对数（Translog）生产函数构建水稻的生产函数模型，判定影响我国水稻生产收益的主要因素，并测算不同投入要素在几何平均数处的生产弹性，进而评估这些投入要素及其他影响因素的变化对水稻生产收益影响的敏感程度。通过分析水稻生产收益的影响因素，为提高水稻生产的收益提供路径与方向。

6.1 研究方法与数据处理

6.1.1 研究方法

（1）生产函数构建　影响收益的因素主要包括水稻生产的基本投入要素、自然环境条件、经济发展阶段与区域环境以及制度环境等。本节选择随机前沿生产函数方法来分析。随机前沿生产函数的形式除Cobb-Douglas函数外，超越对数（Translog）生产函数最为常用。超越对数生产函数具有灵活的函数形式，在考虑各投入要素间的替代效应和交互效应的同时，还纳入了时间变化的影响，而且能够有效避免函数形式的错误设定所带来的偏差。水稻生产函数的基本形式为：

$$\ln Y_{it} = \beta_0 + \sum_i \beta_j \ln X_{ijt} + 1/2 \sum_i \sum_j \beta_{jk} \ln X_{ijt} \ln X_{ikt} + \gamma_{it} W_{it} + \theta_{it} Z_{it} + \pi_{it} V_{it} \qquad (6-1)$$

其中，$\ln Y_{it}$ 表示第 i 个省份第 t 年的水稻生产对数产出，本书选择每亩现金收益作为水稻生产的产出变量。每亩现金收益的核算方法为：每亩平均净利润加上相应的每亩补贴收入、每亩家庭用工折价和自营地折租，再减去每亩成本外支出。每亩现金收益考虑了机会成本，并不影响水稻生产者现实的净收益，但将会影响水稻生产者的种粮积极性和是否进行水稻生产的决策行为。

$\ln X_{ijt}$ 和 $\ln X_{ikt}$ 表示第 i 个省份第 t 年第 j、k 种基本投入要素的对数投入，水稻生产的基本投入要素主要包括生物化学投入、机械投入、劳动投入、土地投入和其他投入。W_{it} 表示第 i 个省份第 t 年影响水稻产出的自然环境条件，主要包括水灾、旱灾等自然灾害，此处以受灾比例代替。Z_{it} 表示第 i 个省份第 t 年影响水稻产出的经济发展阶段因素，此处 Z_{it} 为虚拟变量，表示经济发展新常态与全面深化改革阶段（2014年至今），其参照变量为统筹城乡经济发展与市场经济体制不断完善阶段（2000—2013）①。D_n（$n=1,2,3$）表示影响水稻产出的区域环境因素，为虚拟变量，分别表示中籼稻种植区、晚籼稻种植区和粳稻种植区，参照变量为早籼稻种植区。β_j、β_{jk}、ρ_T、γ_{it}、θ_{it}、π_{it} 为待估计参数。V_{it} 为第 i 个省份第 t 年的随机误差项，主要包括测量误差以及各种不可控的随机因素，随机误差项服从 $V_{it} \sim N(0, \sigma_v^2)$。

---

① 我国的经济政策环境变迁大致可以划分为5个阶段：改革启动和大力加强农业产业发展阶段（1978—1984）、市场改革的探索和结构调整阶段（1985—1991）、全面市场经济建设阶段（1992—1999）、统筹城乡经济发展与市场经济体制不断完善阶段（2000—2013）、经济发展新常态与全面深化改革阶段（2014至今）。

（2）产出弹性计算 为进一步评估各因素对水稻生产收益影响的影响程度，应进一步计算各因素的产出弹性。产出弹性是指在其他投入固定不变时，某一投入要素的相对变动所引起的总收益的相对变动。产出弹性是由生产函数对该要素求导得出。

由于超越对数（Translog）生产函数中涉及水稻生产五大基本要素投入的交互作用项。因此对于生物化学投入、机械投入、劳动投入、土地投入和其他投入等基本要素投入，应测算各投入要素在几何平均数处的产出弹性，进而评估这些投入要素及其他影响因素的变化对水稻生产收益影响的敏感程度。该产出弹性的含义为：在其他要素一定的情况下，某一基本要素投入的变动所引起的水稻生产平均总收益的变动情况。其计算公式为：

$$\sigma_j = \beta_j + \beta_{jj}\ln X_{ijt} + 1/2\sum_i\sum_k \beta_{jk}\ln X_{ikt} \qquad (6-2)$$

自然环境条件、经济发展阶段与区域环境以及制度环境等其他影响因素的产出弹性为各自的待估参数 ρ_T、γ_{it}、θ_{it}、δ_n、π_{it}。该产出弹性的含义为：在其他要素一定的情况下，某一影响因素的变动所引起的水稻生产总收益的变动情况。

6.1.2 数据来源与数据处理

水稻生产（每亩）现金收益、劳动投入、机械投入、生物化学投入、土地投入、其他投入，均由历年《全国农产品成本收益资料汇编》中相关数据计算得出。其中，劳动投入为人工成本，包括家庭用工折价与雇工费用；机械投入为机械作业、排灌、燃料动力费之和；生物化学投入为种子费、化肥费、农家肥费、农药费、农膜费之和；土地投入为土地成本，包括自营地折租与流转地租金；其他投入为畜力费、技术服务费、工具材料费、修理维护费、其他直接费用以及固定资产折旧、税金、保险费、管理费、财务费、销售费等间接费用之和。

水稻生产的自然环境条件用农作物受灾比例来替代，为农作物受灾面积与种植面积之比。其中，农作物受灾面积数据来自历年《中国农村统计年鉴》，农作物种植面积数据来自历年《中国统计年鉴》。

为了剔除价格因素的影响，本节以2004年为基期，使用农业生产资料综合价格指数对水稻生产的现金收益、机械投入、生物化学投入、劳动投入、土地投入和其他投入数据进行平减。农业生产资料综合价格指数均来自历年《中国统计年鉴》。

6.2 水稻生产收益变动情况分析

2004—2016年，我国水稻生产的现金收益基本总体呈现先增后减的发展态势（图6-1）。先由2004年484.70元/亩逐步增加到2014年的800.99元/亩，随后受近年来国内外经济增速放缓、国际市场粮食价格大幅下跌以及生产成本持续增加等因素影响，导致我国水稻生产的现金收益又逐步减少到2016年的739.55元/亩，减少幅度达到了7.67%。我国四大种植区水稻生产的现金收益也基本呈先增后减的发展态势。相比较而言，粳稻种植区的现金收益整体相对更高一些，但也是先由2004年的574.41元/亩逐步增加到2014年的927.51元/亩，随后又减少到2016年的844.54元/亩，减少幅度达到了8.95%；中籼稻种植区也是先由2004年的548.49元/亩逐步增加到2012年的950.74元/亩，随后又减少到2016年的871.12元/亩，减少幅度达到了8.37%；晚籼稻种植区同样是先由2004年的428.58元/亩逐步增加到 2014 年的 757.01 元/亩，随后又减少到 2016 年的 668.07 元/亩，减少幅度达到了 11.75%；而早籼稻种植区的现金收益不仅低于其他 3 个种植区，更是低于全国平均水平，同样也是先由 2004 年的 387.46 元/亩逐步增加到 2015 年的 632.09 元/亩，随后又减少到 2016 年的 574.52 元/亩，减少幅度达到了 9.11%。

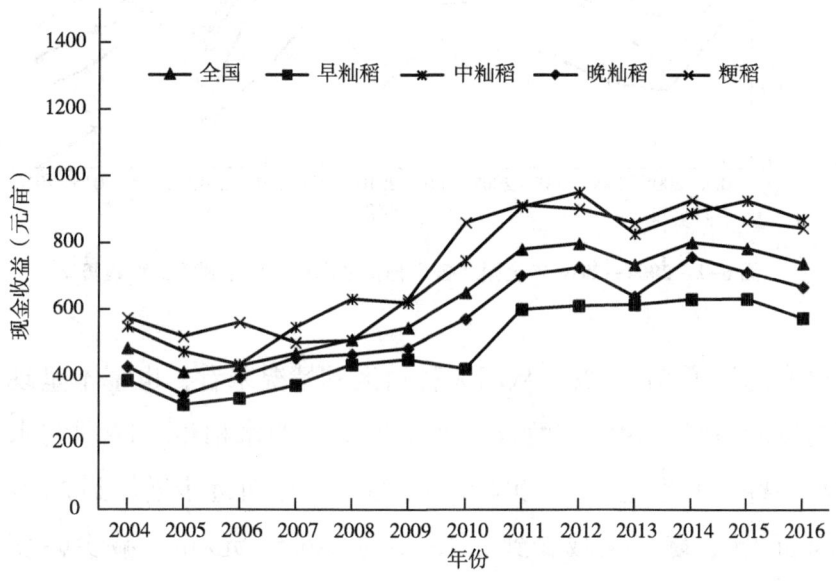

图 6-1　2004—2016 年全国及各个种植区水稻生产现金收益变动趋势

净利润是反映生产主体盈利能力的另一关键指标，对水稻生产者进行生产决策有着重要的影响。与现金收益相比，净利润扣除了水稻生产过程中的机会成本，即家庭用工折价与自营地折租。从图 6-2 中可以看出，2004—2016 年，我国水稻生产的净利润也是整体呈现先增后减的发展态势。水稻生产净利润先由 2004 年的 285.09 元/亩逐步增加到 2011 年的 371.27 元/亩，随后又减少到 2016 年的 141.96 元/亩，

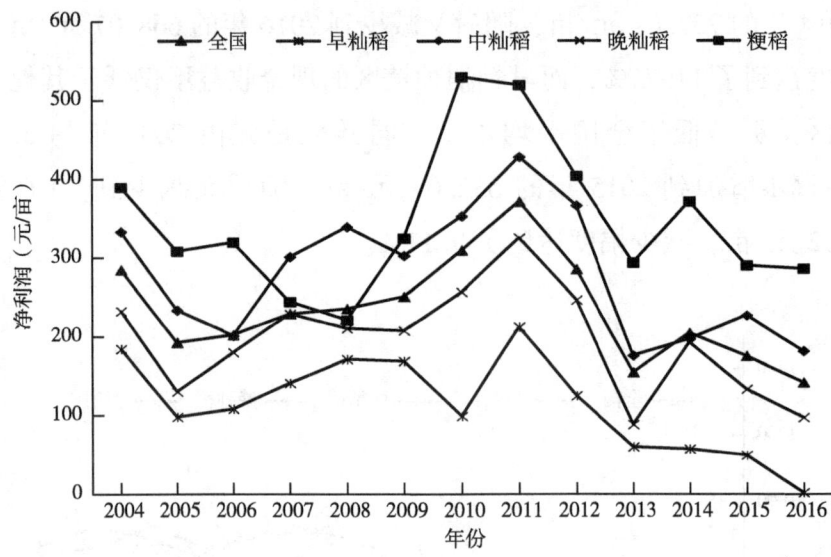

图 6-2 2004—2016 年全国及各个种植区水稻生产净利润变动趋势

减少幅度达到了 61.76%。从四大种植区的情况来看，也基本呈现先增后减的发展态势。相比较而言，粳稻种植区的水稻生产净利润水平相对略高一些，但也是先由 2004 年的 389.81 元/亩逐步增加到 2010 年的 529.84 元/亩，随后又减少到 2016 年的 286.56 元/亩，减少幅度达到了 45.92%；中籼稻种植区也是先由 2004 年的 333.43 元/亩逐步增加到 2011 年的 428.38 元/亩，随后又减少到 2016 年的 181.68 元/亩，减少幅度达到了 57.59%；晚籼稻种植区也是先由 2004 年的 232.87 元/亩逐步增加到 2011 年的 325.52 元/亩，随后又减少到 2016 年的 97.47 元/亩，减少幅度达到了 70.06%；而早籼稻种植区的净利润不仅低于其他 3 个种植区，更是低于全国平均水平，同样也是先由 2004 年的 184.41 元/亩逐步增加到 2011 年的 212.01 元/亩，随后又减少到 2016 年的 1.94 元/亩，减少幅度达到了 99.09%。

6.3 水稻生产收益影响因素实证分析结果

为了检验基本投入要素、自然环境条件、经济发展阶段与区域环境以及制度环境等因素对水稻生产收益的影响。本节构建了水稻生产收益的超越对数（Translog）随机前沿生产函数并进行实证检验。表6-1为使用 Frontier4.1 软件得到的随机前沿生产函数无效率模型结果。可以看出，模型的变异系数 γ 值为 0.46，且在 0.01 的显著性水平上通过检验，表明水稻生产者的实际收益与理想收益之间的差距主要来自技术无效率项，因而，本模型关于技术无效率项的假设是合理的。

表 6-1 水稻超越对数随机前沿生产函数的估计结果

变量	系数	标准差	t 值	变量	系数	标准差	t 值
CONS	4.10***	0.34	11.95	$\ln X_1 * \ln X_2$	-0.92***	0.26	-3.52
$\ln X_1$	-0.03	0.07	-0.38	$\ln X_1 * \ln X_3$	-0.30***	0.11	-2.71
$\ln X_2$	0.17***	0.04	4.86	$\ln X_1 * \ln X_4$	-0.09	0.17	-0.54
$\ln X_3$	-0.02	0.03	-0.62	$\ln X_1 * \ln X_5$	-0.23	0.15	-1.53
$\ln X_4$	0.34***	0.03	9.66	$\ln X_2 * \ln X_3$	0.10	0.09	1.19
$\ln X_5$	-0.01	0.02	0.38	$\ln X_2 * \ln X_4$	0.44***	0.13	3.49
$(\ln X_1)^2$	0.65***	0.19	3.37	$\ln X_2 * \ln X_5$	0.20*	0.12	1.66
$(\ln X_2)^2$	0.16	0.11	1.48	$\ln X_3 * \ln X_4$	-0.41***	0.14	-2.87
$(\ln X_3)^2$	0.22***	0.06	3.57	$\ln X_3 * \ln X_5$	0.33***	0.10	3.52
$(\ln X_4)^2$	0.13	0.10	1.37	$\ln X_4 * \ln X_5$	-0.31***	0.11	-2.86
$(\ln X_5)^2$	0.09***	0.03	2.80				
W	-0.01***	0.01	3.13	D_2	-0.09**	0.03	-2.55
Z	0.04	0.06	0.67	D_3	-1.13***	0.07	-16.35
D_1	-0.48***	0.05	-8.68				
sigma-squared	0.05***	0.01	11.93	γ	0.46***	0.04	11.78

注：***、**、* 分别表示在 0.01、0.05、0.1 的水平上显著。

对于含有交互作用项的模型，孤立地看待每个 t 统计量并无意义。

使用各基本投入要素的几何平均数重新构建回归模型：

$$\ln Y_{it} = \beta_0^* + \sum_i \beta_j^* \ln X_{ijt} + 1/2 \sum_i \sum_j \beta_{jk}^* \ln X_{ijt}(\ln X_{ikt} - \ln X_{ikt}^*) + \gamma_{it}^* W_{it} + \theta_{it}^* Z_{it} + \sum_n \delta_n^* D_n + V_{it} \tag{6-3}$$

其中，$\ln X_{ikt}^*$ 为 $\ln X_{ikt}$ 的几何平均数，β_j^*、β_{jk}^*、γ_{it}^*、θ_{it}^*、δ_n^* 为新的待估参数。

对上述方程进行估计，结果显示：机械投入、劳动投入等投入要素均在0.01的显著性水平下对水稻生产收益的变动产生显著影响。

除此之外，根据表6-1的估计结果，还可得出以下结论：第一，以受灾比例为代表的自然环境条件与水稻生产者的现金收益之间存在显著的负相关关系。水灾、旱灾等自然灾害的发生将减少当年的水稻产量，进而间接影响水稻生产者的现金收益。在其他因素一定的条件，受灾比例每增加1%，水稻生产者的现金收益将会随之减少0.01%；第二，从空间维度来看，基于区域环境因素，在其他因素一定的条件下，相较于早籼稻种植区，中籼稻种植区、晚籼稻种植区和粳稻种植区的水稻生产者的现金收益更高，其中粳稻种植区的正向影响力最大。早稻的生长期一般为90~125天，中稻的生长期一般为125~150天，晚稻的生长期一般为150~180天。由于生长期长短和气候条件的不同，同一类型的稻谷的品质也表现出一些差别：早稻米一般腹白较大，硬质粒较少，米质疏松，品质较差；晚稻米则反之，品质较好；而粳稻则是腹白小或没有，硬质粒多，加工时不易产生碎米，出米率较高，米质胀性较小而黏性较强。因此，中籼稻种植区、晚籼稻种区和粳稻种植区的水稻生产者的现金收益相对较高。

6.4 水稻生产收益影响因素的产出弹性计算

产出弹性是指在其他投入固定不变时，某一投入的相对变动所引起的总收益的相对变动。本节首先测算水稻生产收益各投入要素在几何平均数处的产出弹性，进而估计这些投入要素及其他影响因素的变化对水稻生产收益影响的敏感程度。

基于水稻的超越对数随机前沿生产函数，水稻生产第 j 中基本投入要素的产出弹性为：

$$\sigma_j = \beta_j + \beta_{jj} \ln X_{ijt} + 1/2 \sum_i \sum_k \beta_{jk} \ln X_{ikt} \quad (6-4)$$

生物化学投入、机械投入、劳动投入、土地投入和其他投入在几何平均数处的产出弹性分别为 0.02、0.17、0.28、-0.07、-0.04。即在其他因素一定的情况下，生物化学投入、机械投入和劳动投入每提高 1%，水稻生产者的平均现金收益将分别增加 0.02%、0.17% 和 0.28%。而土地投入和其他投入每提高 1%，水稻生产者的平均现金收益将分别减少 0.07% 和 0.04%。表 6-2 列出了各基本投入要素投入对水稻生产收益的产出弹性。

表 6-2 各基本投入要素对水稻生产收益的产出弹性

基本投入要素	产出弹性	基本投入要素	产出弹性
生物化学投入	0.02	土地投入	-0.07
机械投入	0.17	其他投入	-0.04
劳动投入	0.28		

水稻生产的基本投入要素从产量和成本两个方面影响生产者的现金收益。一方面，投入的增加带来水稻产量的提高，在价格一定的情

况下，会使水稻生产的总产值有所增加，进而提高水稻生产者的现金收益。另一方面，增加投入将会推动水稻生产成本的增加，进而导致水稻生产者的现金收益的减少。

从表6-2中可以看出，水稻生产的现金收益与生物化学投入之间存在显著的正相关关系。生物化学投入包含种子、化肥、农家肥、农药、农膜等投入，良种可以有效提高水稻产量，改进水稻品质，提高水稻市场销售价格；化肥、农家肥可以提高土地肥力；农药可以避免水稻受到病虫害的侵袭。生物化学投入有效保障了水稻的生产，对提高水稻产量和产值都有重要的作用。同时，生物化学投入所带来的水稻产值的增加远大于成本的增加，从而使得水稻生产者的现金收益有所提高。

机械投入和劳动投入对水稻生产现金收益的增加也具有显著的正向促进作用。我国水稻生产以自给自足、精耕细作的传统小农经营为主，表现出劳动密集型的经济学特征，过密化、内卷化问题严重。随着我国工业化、城镇化进程的快速推进以及农业比较优势的丧失，大量农村劳动力逐步向二三产业转移。由于劳动力的流失与从事农业生产的机会成本增加，水稻生产中劳动力短缺问题日益加剧，对机械作用的需求快速膨胀，加之农机具补贴政策的实行，促使我国水稻生产的机械化水平不断提高，进而提高了水稻的产量，最终提高了水稻生产的现金收益。

土地投入和其他投入的增加将导致水稻生产现金收益的减少。随着我国工业化、城镇化进程的快速推进，土地市场价格大幅提高。土地成本的不断攀升直接助推了水稻生产成本的上升，且其增长速度要高于由此所带来的水稻产量增加产生的收益，从而大幅降低了水稻生产者的现金收益。

由于生物化学投入、机械投入、劳动投入的提高可以促进水稻生产者现金收益的增加,而土地投入和其他投入的提高能够导致水稻生产现金收益的减少。因此,在一定程度上,使用生物化学投入代替土地投入,使用农业机械投入代替劳动投入,更有利于水稻生产者现金收益的提高。

6.5 本章小结

本章基于水稻生产超越对数（Translog）随机前沿生产函数,分析影响水稻生产收益的主要因素,并测算各投入要素的产出弹性,进而评估这些投入要素的变化对水稻生产收益影响的敏感程度。主要研究结论如下:

生物化学投入、机械投入和劳动投入的提高对水稻生产现金收益的增加具有显著的正向促进作用。在其他因素一定的情况下,生物化学投入、机械投入和劳动投入每提高1%,水稻生产者的平均现金收益将分别增加0.02%、0.17%和0.28%。与此同时,土地投入和其他投入的增加将导致水稻生产现金收益的减少。在其他因素一定的情况下,土地投入和其他投入每提高1%,水稻生产者的平均现金收益将分别减少0.07%和0.04%。因此,在一定程度上,使用生物化学投入代替土地投入,使用农业机械投入代替劳动投入,更有利于水稻生产者现金收益的提高。

经济发展阶段对水稻生产收益的变动影响不显著,自然环境条件对水稻生产收益的影响显著。水灾、旱灾等自然灾害的发生将减少当年的水稻产量,进而间接影响水稻生产者的现金收益。在其他因素一定的情况下,受灾比例每增加1%,水稻生产者的现金收益将会随之减少 0.01%。区域环境因素方面，在其他因素一定的条件下，相较于早籼稻种植区，中籼稻种植区、晚籼稻种植区和粳稻种植区的水稻生产者的现金收益更高，其中粳稻种植区的正向影响力最大。早稻的生长期一般为 90~125 天，中稻的生长期一般为 125~150 天，晚稻的生长期一般为 150~180 天。由于生长期长短和气候条件的不同，同一类型的稻谷的品质也表现出一些差别：早稻米一般腹白较大，硬质粒较少，米质疏松，品质较差；晚稻米则反之，品质较好；而粳稻则是腹白小或没有，硬质粒多，加工时不易产生碎米，出米率较高，米质胀性较小而黏性较强。因此，中籼稻种植区、晚籼稻种区和粳稻种植区的水稻生产者的现金收益相对较高。

7 水稻成本投入要素的诱导效应及增长机制分析

根据速水-拉坦的农业诱致性技术变迁理论，农业生产要素相对价格的变化会诱致技术进步的路径方向及要素之间的相互替代；粮食生产者主要根据产品市场和生产要素市场的相对价格信号做出生产经营决策。本章将对基于技术进步路径模式维度的水稻成本进行分析，通过研究水稻成本投入要素变化对要素投入结构变化的诱导效应以及水稻单要素生产率的增长机制，为优化水稻生产的成本投入结构、降低其成本提供决策支持。

7.1 研究方法

农业生产率的提高是现代农业增长的主要特征，而农业生产率可分为全要素生产率和单要素生产率两类。全要素生产率主要是衡量产出增长中除劳动和资金以外的其他要素带来的产出增长率；单要素生产率是指经济主体的产出水平与投入要素中某一特定要素的比例，衡量的是该要素的单位产出能力，有助于评价要素的使用效率及其动态变化；单要素生产率是全要素生产率的基础与补充。本章使用基于单要素生产率指标的二位相图增长分析方法,分析我国水稻的生产要素禀赋与其增长机制及增长路径选择之间的关系。

农业生产要素投入结构的变化是反映农业技术变化和发展方向的一个关键性指标,土地和劳动是农业生产的最基本投入要素。根据二位相图增长分析方法,若用 Y 表示农业产出,用 A、L 分别表示土地投入与劳动投入,则 Y/A、Y/L、A/L 和 L/A 分别表示土地生产率、劳动生产率、地劳比率和土地的劳动集约率,四者之间存在下列恒等关系:

$$Y/L = (A/L) \cdot (Y/A), Y/A = (Y/L) \cdot (L/A) \qquad (7-1)$$

式(7-1)中各变量之间的关系可通过二维坐标图直观地表示出来(图7-1)。其中,正坐标系的横轴为劳动生产率增长率,纵轴为土地生产率增长率;倒坐标系的横轴为单位产出占用的劳动力增长率,纵轴为单位产出占用的土地增长率;45°线为单位土地-劳动增长率比率线。在坐标系中将考察期内的土地生产率与劳动生产率描绘出来,则其连接线的斜率代表不同的农业增长路径。每条连接线的斜率可表示为:

$$K = \frac{(Y/A)_2/(Y/A)_1 - 1}{(Y/L)_2/(Y/L)_1 - 1} \qquad (7-2)$$

从图7-1中可以看出,农业增长路径大体可分为3类:第一,土地生产率导向路径,即路径①与①*,此时斜率 $K>1$,主要依靠节约土地的生物化学技术(如化肥、种子、农药、农膜等)来实现农业增长;第二,劳动生产率导向路径,即路径②与②*,此时斜率 $K<1$,主要依靠节约劳动的机械技术来实现农业增长;第三,中性技术导向路径,即路径③与③*,此时斜率 $K=1$,同时依靠生物化学技术与机械技术来实现农业增长。

下文首先分析水稻成本投入要素价格变化对要素投入结构变化的

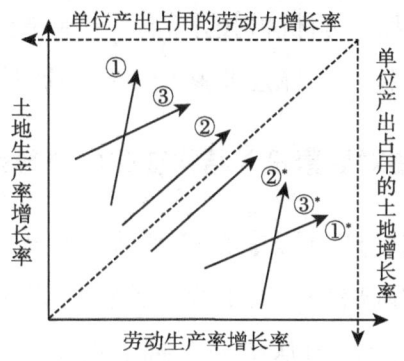

图 7-1 农业增长路径示意图

诱导效应，其次使用二位相图增长分析方法探究水稻单要素生产率的增长机制，为优化水稻生产的成本投入结构、提出降低其成本路径提供决策支持。

7.2 水稻成本投入要素价格变化对要素投入结构变化的诱导效应分析

生产要素禀赋的相对稀缺程度及其供给弹性的不同，在要素市场上表现为这些要素相对价格的差异。经济理论表明，生产要素相对价格的变化会引起生产要素投入结构的变化，这是农业生产过程中诱致性技术变迁的最直观表现。纵观发达市场经济体的农业发展进程，节约劳动的主要因素一直是发展机械化，节约土地的主要因素一直是生物化学技术创新。相应地，在农业生产中，通常存在两类技术——"劳动节约型"的机械技术和"土地节约型"的生物化学技术，前者用来促进动力和机械投入对劳动的替代，后者用来促进化学肥料等工业品投入对土地的替代。那么，在劳动力价格与土地价格快速上涨的背景下,"劳动节约型"的机械技术和"土地节约型"的生物化学技术是否会成为生产者技术选择及要素投入结构调整的方向呢?

7.2.1 人工成本价格对要素投入结构变化的诱导效应分析

人工成本是水稻生产过程中直接使用的劳动力成本,可分为家庭用工折价与雇工费用两部分,人工成本价格为劳动日工价与雇工工价。劳动日工价是指每个劳动力从事一个标准劳动日(8小时)的农业生产劳动的理论报酬,用于核算家庭劳动用工的机会成本。雇工工价是指平均每个雇工劳动一个标准劳动日所得到的全部报酬。为了剔除物价因素影响,本书以2004年为基期,使用消费者物价指数对劳动日工价与雇工工价进行折算。

2004—2016年,我国水稻生产的劳动日工价与雇工工价均大幅上涨,其中,劳动日工价由2004年的13.70元/亩上涨至2016年的59.12元/亩,上涨幅度达到了331.53%;雇工工价由2004年的24.03元/亩上涨至2016年的92.33元/亩,上涨幅度达到了284.21%。由于随着我国工业化、城镇化的快速发展以及农业比较优势的丧失,大量农村劳动力向二三产业转移,农业劳动力供不应求,加之从事农业生产的机会成本较高,水稻生产的劳动日工价与雇工工价上涨迅速(图7-2、表7-1)。

一直以来,我国水稻生产以自给自足、精耕细作的传统小农经营为主,表现出劳动密集型的经济学特征,过密化、内卷化问题严重。近年来,随着劳动力价格的飙升,劳动密集型的传统小农经营模式面临着严峻挑战。而机械技术是典型的"劳动节约型"技术,根据速水-拉坦的农业诱致性技术变迁理论,农业生产要素相对价格的变化会诱致技术进步的路径方向以及要素之间的相互替代。那么劳动力价格的上升是否会诱致出"劳动节约型"的机械技术呢?

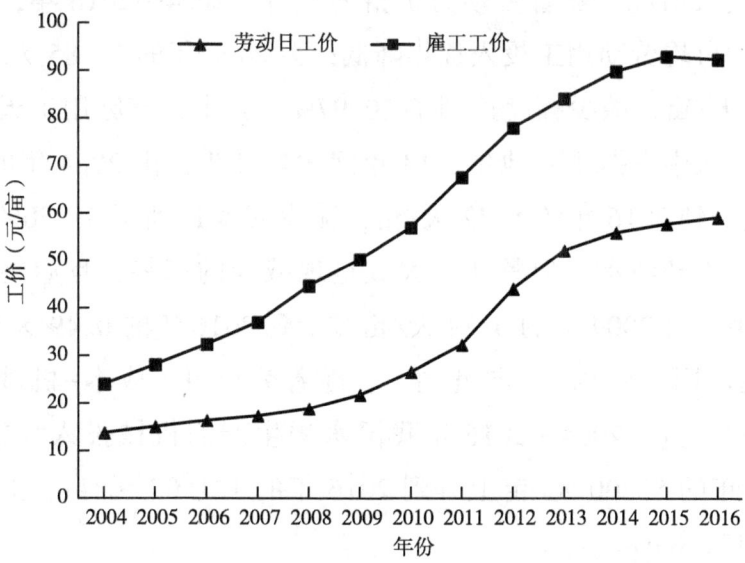

图 7-2　2004—2016 年水稻生产每亩劳动日工价与雇工工价变动趋势（2004 年基期）

表 7-1　2004—2016 年水稻生产每亩劳动日工价与雇工工价变动趋势（2004 年基期）　　　　单位：元/亩

年份	劳动日工价	雇工工价
2004	13.70	24.03
2005	15.03	28.13
2006	16.36	32.35
2007	17.27	37.01
2008	18.84	44.67
2009	21.78	50.27
2010	26.61	56.97
2011	32.26	67.53
2012	44.02	77.87
2013	52.10	84.14
2014	55.89	89.84
2015	57.78	92.97
2016	59.12	92.33

图 7-3 和表 7-2 为 2004—2016 年我国水稻生产的每亩用工投入与机械投入情况。随着劳动力价格的飙升，2004—2016 年，我国水稻生产的亩均劳动用工投入逐年降低，由 2004 年的 11.85 天/亩减少至 5.81 天/亩，减少幅度达到了 50.97%。其中，家庭用工天数在劳动用工投入中占据主导地位，13 年间大幅减少，由 2004 年的 10.97 天/亩减少到 2016 年的 5.32 天/亩，减少幅度达到了 51.50%；雇工天数虽然不断波动，但整体也大致呈现减少的态势，且始终维持在较低水平。由 2004 年的 0.88 天/亩减少到 2016 年的 0.49 天/亩，减少幅度达到了 44.32%。与此同时，随着劳动用工成本-机械价格比率的不断上升，2004—2016 年我国水稻生产的机械投入大幅增加，由 2004 年的 52.00 元/亩上升到 2016 年的 121.07 元/亩，上涨幅度达到了 132.83%。

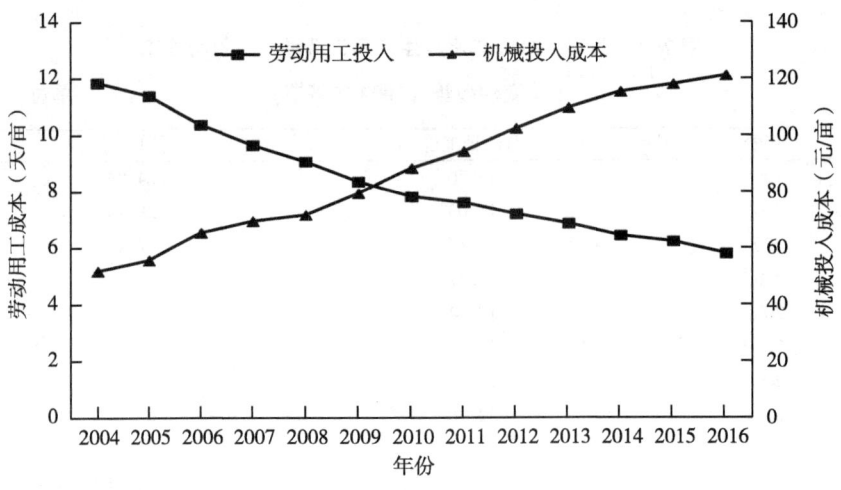

图 7-3　2004—2016 年水稻生产每亩劳动用工投入与机械投入（2004 年基期）

表 7-2 2004—2016 年水稻生产每亩劳动用工投入与机械投入（2004 年基期）

年份	劳动用工投入（天/亩）	机械投入成本（元/亩）
2004	11.85	52.00
2005	11.39	55.76
2006	10.37	65.36
2007	9.65	69.50
2008	9.06	71.68
2009	8.35	79.33
2010	7.83	88.28
2011	7.61	94.20
2012	7.20	102.35
2013	6.87	109.58
2014	6.44	115.24
2015	6.23	117.91
2016	5.81	121.07

由此可以看出，随着劳动日工价与雇工工价的大幅上涨，与农用机械相比，水稻生产的劳动力相对价格越来越高。随着劳动用工成本-机械价格比率的不断上升，生产者将会减少对劳动的投入，而更倾向于使用"劳动节约型"的机械技术进行水稻生产，即劳动力价格的上升会诱致出"劳动节约型"的机械技术。

7.2.2 土地成本价格对要素投入结构变化的诱导效应分析

土地成本是指土地作为一种生产要素投入到生产中的成本，土地成本价格为流转地租金和自营地折租。流转地租金是指生产者转包他人拥有经营权的耕地或承包集体经济组织的机动地（包括沟渠、机井等土地附着物）的使用权而实际支付的转包费、承包费等土地租赁费用。自营地折租是指生产者自己拥有经营权的土地投入生产后所耗费的土地资源按一定方法和标准折算的成本，反映了自营地投入生产时的机会成本。为了剔除物价因素影响,本章节以2004年为基期,使用消费者物价指数对流转地租金和自营地折租进行折算。

2004—2016年,我国水稻的流转地租金和自营地折租均有不同程度的上涨。其中,流转地租金由2004年的7.64元/亩增加到2016年的41.69元/亩,上涨幅度达到了445.66%;自营地折租也由2004年的49.32元/亩增加到2016年的119.50元/亩,上涨幅度达到了142.30%。工业化、城镇化的快速推进导致农用耕地的减少,加之减免农业税、发放农业补贴等激励政策引致的耕地需求增加,是导致流转地租金和自营地折租上涨的重要原因(图7-4、表7-3)。

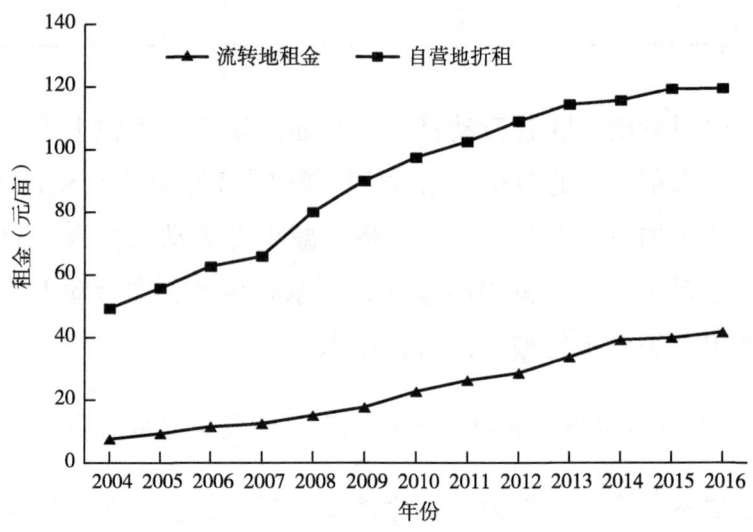

图7-4 2004—2016年水稻生产流转地租金与自营地折租变动趋势(2004年基期)

作为一个拥有13亿人口的大国,有限的农用耕地一直是制约我国农业发展的瓶颈因素。而生物化学技术是典型的"土地节约型"技术。土地价格的上升是否会诱致出"土地节约型"的生物化学技术呢?

表7-3 2004—2016年水稻生产流转地租金与自营地折租变动趋势（2004年基期）

年份	流转地租金（元/亩）	自营地折租（元/亩）
2004	7.64	49.32
2005	9.39	55.76
2006	11.61	62.61
2007	12.56	65.83
2008	15.06	80.03
2009	17.68	89.93
2010	22.76	97.47
2011	26.28	102.51
2012	28.58	108.96
2013	33.80	114.29
2014	39.23	115.57
2015	39.87	119.28
2016	41.69	119.50

伴随着土地投入的减少，我国水稻生产的生物化学投入成本在波动中有所上升，由2004年的122.96元/亩增加到2016年的142.63元/亩，上涨幅度达到了16.00%。其中，农药费、种子费均有不同程度的增加，农药费由2004年的22.22元/亩增加到2016年的30.24元/亩，上涨幅度达到了36.10%；种子费由2004年的16.65元/亩增加到2016年的33.88元/亩，上涨幅度达到了103.51%。虽然化肥费由2004年的72.80元/亩减少到2016年的70.74元/亩，减少幅度达到了2.84%，但是每亩化肥用量却有所增加，化肥用量由2004年的19.52千克/亩增加到2016年的22.63千克/亩，增加幅度达到了15.93%（图7-5）。

由此可以看出，随着流转地租金与自营地折租的大幅上涨，与生物化学技术投入相比，水稻生产的土地相对价格越来越高。随着土地成本-生物化学技术投入价格比率的不断上升，生产者将会减少对土地的投入，而更倾向于使用"土地节约型"的生物化学技术进行水稻生

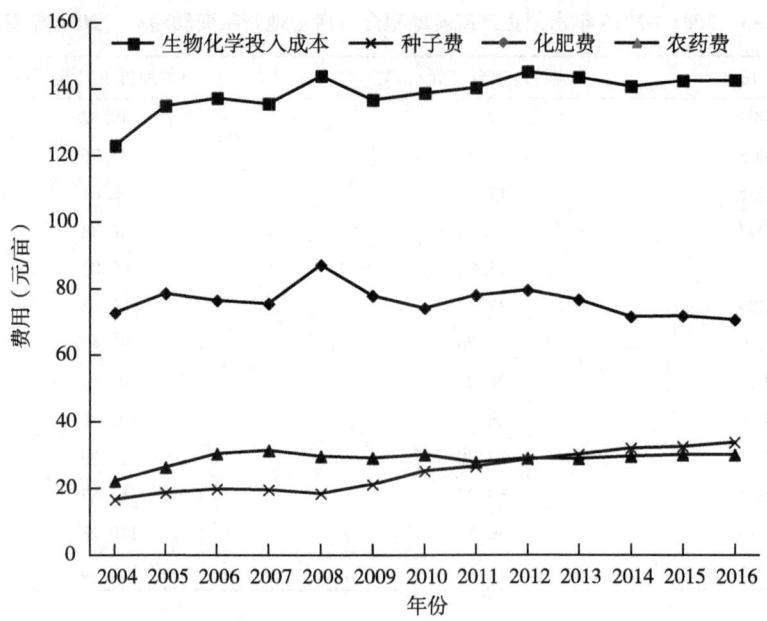

图 7-5　2004—2016 年水稻生产生物化学投入成本变动趋势

产,即土地成本的上升会诱致出"土地节约型"的生物化学型技术进步。

为了进一步分析要素禀赋变化对我国水稻增长路径选择的影响,下文将使用基于单要素生产率指标的二位相图谱增长分析方法,探讨我国及各个种植区水稻生产的增长路径、技术进步偏向及其变化。

7.3　水稻单要素生产率的增长机制分析

首先,重点分析水稻的关键单要素生产率(劳动生产率、土地生产率、地劳比率、土地的劳动集约率),在此基础上探究水稻单要素生产率的增长机制。其次,考察水稻生中关键单要素生产率的区域差异,揭示不同种植区域水稻生产中投入要素的效率优势，进而判断在市场经济条件下水稻生产增长的动力因素。为了剔除物价因素影响，以2004年为基期，使用稻谷生产价格指数对相应的各项指标进行折算。

7.3.1 水稻单要素生产率增长机制与增长路径分析

土地和劳动是水稻生产中最具约束性的投入要素。在进行不同种植区域分析时，各个种植区域之间水稻品种存在一定的差异。为了便于种植区域间的比较，本节选用主产品产值来测度我国水稻生产的土地生产率与劳动生产率。土地生产率为亩均主产品产值，劳动生产率为亩均主产品产值与亩均用工数量的比值。

表7-4显示了2004—2016年我国水稻单要素生产率以及以2004年为基期的增长率的变动趋势。土地生产率是反映土地生产能力的指标，2004—2016年我国水稻的土地生产率总体呈现先增后减的发展态势，由2004年的719.80元/亩增加到2016年的776.15元/亩，涨幅达到了7.83%。劳动生产率是衡量水稻劳动者从事水稻生产劳动能力的指标，2004—2016年我国水稻的劳动生产率总体呈现逐年稳步增加的发展态势，由2004年的60.74元/亩增加到2016年的133.59元/亩，涨幅达到了119.94%。与此同时，水稻生产的地劳比率也呈现不断上升的发展态势，由2004年的0.08亩/天增加到2016年的0.17亩/天，涨幅达到了115.15%。

由此可以看出，2004—2016年我国水稻的土地生产率与劳动生产率均有所增长，但劳动生产率的增长速度远远快于土地生产率的增长速度，地劳比率不断提高，意味着这一时期主导我国水稻增长的技术是机械技术，而非生物化学投入，中国水稻生产逐渐由过度依靠工人投入的传统小农经营模式向提高劳动生产率的现代农业发展方式转变。

表 7-4 2004—2016 年水稻单要素生产率及其增长率（2004 年基期）

年份	土地生产率（Y/A）		劳动生产率（Y/L）		地劳比率（A/L）	
	绝对量（元/亩）	增长率（%）	绝对量（元/天）	增长率（%）	绝对量（亩/天）	增长率（%）
2004	719.80	—	60.74	—	0.08	—
2005	658.86	-8.47	57.85	-4.77	0.09	9.75
2006	678.97	-5.67	65.47	7.79	0.10	20.54
2007	702.43	-2.41	72.79	19.84	0.10	29.53
2008	758.37	5.36	83.71	37.81	0.11	37.97
2009	748.16	3.94	89.60	47.51	0.12	49.70
2010	764.77	6.25	97.80	61.01	0.13	59.85
2011	798.27	10.90	105.04	72.93	0.13	64.47
2012	811.21	12.70	112.67	85.49	0.14	73.61
2013	773.23	7.42	112.55	85.30	0.15	81.95
2014	801.40	11.34	124.63	105.19	0.16	94.40
2015	786.34	9.24	126.22	107.80	0.16	100.64
2016	776.15	7.83	133.59	119.94	0.17	115.15

数据来源：《全国农产品成本收益资料汇编》。

使用基于单要素生产率指标的二位相图谱增长分析方法，可以进一步分析我国水稻的增长机制与增长路径选择。根据 2004—2016 年水稻土地生产率与劳动生产率的增长率，可以求出增长路径的斜率 $K= 0.07$，表明随着农业劳动力的流失以及劳动力机会成本的上涨，我国水稻生产选择了劳动生产率导向路径，主要依靠"劳动节约型"的机械技术促进水稻增长（图 7-6）。

7.3.2 不同种植区域水稻单要素生产率增长机制与增长路径比较分析

四大种植区域水稻单要素生产率增长机制与增长路径是否存在差异，是本小节研究的另一重要问题。表 7-5 和图 7-7 显示了四大种植区水稻土地生产率即亩均水稻主产品产值的变动态势。2004—2016 年，我

7 水稻成本投入要素的诱导效应及增长机制分析

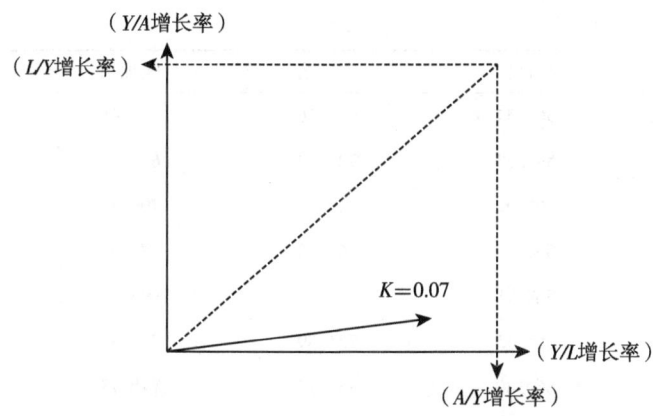

图 7-6 我国水稻增长路径选择示意图

国四大种植区的水稻土地生产率总体上呈现波动中趋于小幅上升的发展态势,而且四大种植区之间的水稻土地生产率的高低次序比较明显,依次是粳稻种植区、中籼稻种植区、晚籼稻种植区和早籼稻种植区。粳稻种植区的水稻土地劳动生产率由 2004 年的 866.61 元/亩增加到 2016 年的 954.38 元/亩,增长幅度达到了 10.13%。中籼稻种植区的水稻土地劳动生产率由 2004 年的 762.27 元/亩增加到 2016 年的 802.70 元/亩,增长幅度达到了 5.30%。晚籼稻种植区的水稻土地劳动生产率由 2004 年的 651.56 元/亩增加到 2016 年的 712.42 元/亩,增长幅度达到了 9.3.4%。早籼稻种植区的水稻土地劳动生产率由 2004 年的 598.75 元/亩增加到 2016 年的 635.10 元/亩,增长幅度达到了 6.07%。

表 7-5 2004—2016 年四大种植区水稻土地生产率变化情况(2004 年基期)

单位:元/亩

年份	早籼稻	中籼稻	晚籼稻	粳稻
2004	598.75	762.27	651.56	866.61
2005	537.60	676.59	574.72	846.50

（续表）

年份	早籼稻	中籼稻	晚籼稻	粳稻
2006	561.54	633.56	629.48	891.30
2007	593.58	727.39	669.66	819.07
2008	665.92	812.57	706.13	848.89
2009	650.26	764.00	678.37	900.03
2010	569.91	785.87	694.39	1 008.90
2011	651.55	831.89	732.32	977.32
2012	660.80	853.75	748.78	981.50
2013	658.73	781.23	695.46	957.51
2014	659.25	806.31	753.17	986.86
2015	655.40	823.57	720.02	946.35
2016	635.10	802.70	712.42	954.38

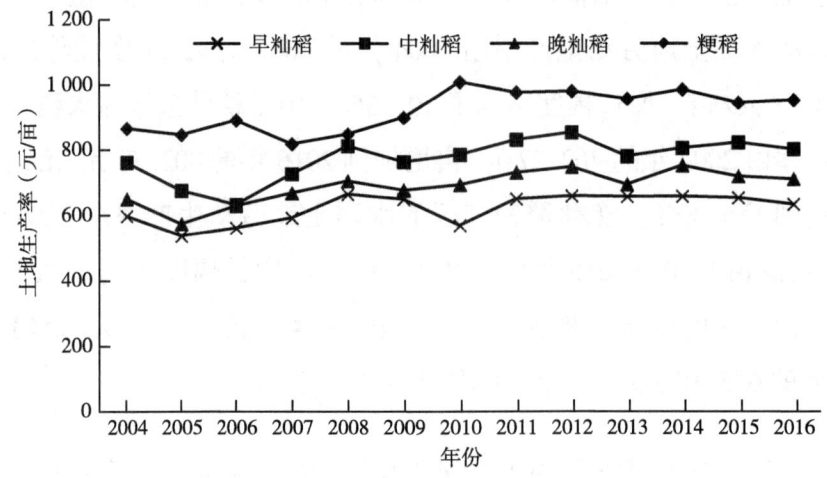

图 7-7 2004—2016 年四大种植区水稻土地生产率变动态势

表 7-6 和图 7-8 显示了四大种植区水稻劳动生产率的变动态势。2004—2016 年，我国四大种植区水稻劳动生产率总体呈现在稳步上升

的发展态势,而且粳稻种植区的水稻劳动生产率要明显高于早籼稻种植区、中籼稻种植区和晚籼稻种植区。粳稻种植区的水稻劳动生产率由2004年的84.14元/天逐步增加到2016年的191.26元/天,增长幅度达到了127.32%。中籼稻种植区的水稻劳动生产率由2004年的54.10元/天逐步增加到2016年的111.95元/天,增长幅度达到了106.94%。晚籼稻种植区的水稻劳动生产率由2004年的57.76逐步增加到2016年的128.83元/天,增长幅度达到了123.03%。早籼稻种植区的水稻劳动生产率由2004年的51.00元/天逐步增加到2016年的114.43元/天,增长幅度达到了124.37%。

表7-6 2004—2016年四大种植区水稻劳动生产率变化情况(2004年基期)

单位:元/天

年份	早籼稻	中籼稻	晚籼稻	粳稻
2004	51.00	54.10	57.76	84.14
2005	47.96	48.96	54.12	85.33
2006	54.36	52.84	63.97	95.84
2007	62.16	63.81	74.49	94.69
2008	74.99	75.80	83.57	103.78
2009	80.78	76.25	88.56	117.50
2010	77.01	79.95	98.64	143.72
2011	90.24	86.12	105.98	147.19
2012	97.46	96.58	112.09	150.54
2013	101.66	94.35	108.33	151.99
2014	107.19	101.04	124.08	178.13
2015	111.08	107.24	122.04	173.96
2016	114.43	111.95	128.83	191.26

从表7-6、表7-7和表7-8中可以看出,2004—2016年我国粳稻

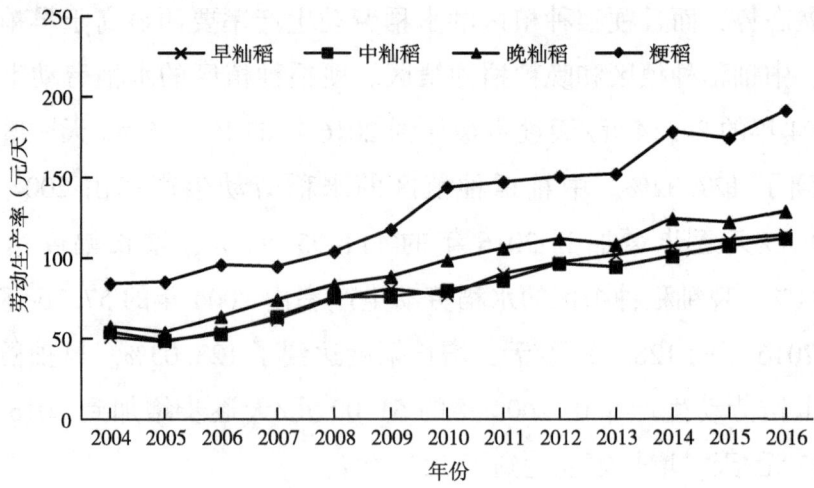

图 7-8 2004—2016 年四大优势区水稻劳动生产率变动态势

种植区、早籼稻种植区、中籼稻种植区和晚籼稻种植区的水稻劳动生产率的增长速度均要远远快于土地生产率的增长速度，而且地劳比率也呈不断提高的发展态势，这就意味着在这一期间四大种植区的水稻增长均是由机械技术主导的。

表 7-7 2004—2016 年四大种植区水稻地劳比率变化情况（2004 年基期）

单位：亩/天

年份	早籼稻	中籼稻	晚籼稻	粳稻
2004	0.09	0.07	0.09	0.10
2005	0.09	0.07	0.09	0.10
2006	0.10	0.08	0.10	0.11
2007	0.10	0.09	0.11	0.12
2008	0.11	0.09	0.12	0.12
2009	0.12	0.10	0.13	0.13
2010	0.14	0.10	0.14	0.14
2011	0.14	0.10	0.14	0.15

(续表)

年份	早籼稻	中籼稻	晚籼稻	粳稻
2012	0.15	0.11	0.15	0.15
2013	0.15	0.12	0.16	0.16
2014	0.16	0.13	0.16	0.18
2015	0.17	0.13	0.17	0.18
2016	0.18	0.14	0.18	0.20

使用二位相图增长分析法进一步分析四大种植区水稻的增长机制。基于土地生产率和劳动生产率，可以求出各个优势产区水稻增长路径的斜率K。从表7-8中可以看出，2004—2016年，我国四大种植区水稻增长路径的斜率K均小于1，表明各个种植区在水稻生产过程中均选择了劳动生产率导向路径，大力发展"劳动节约型"的机械技术促进水稻增长。而K越小，则表明该区域对机械技术的依赖度越高。因此，在四大水稻种植区中，早籼稻种植区和中籼稻种植区更偏向于选择劳动生产率导向路径，这一现象与该两个种植区的经济发展水平和农业生产机会成本较高密切相关。

表7-8 2004—2016年四大种植区水稻增长路径斜率K

种植区	K	种植区	K
早籼稻种植区	0.05	晚籼稻种植区	0.08
中籼稻种植区	0.05	粳稻种植区	0.08

7.3.3 小结

本节使用基于单要素生产率指标得二位相图增长分析法分析我国及四大种植区水稻的增长机制与增长路径。2004—2016年我国水稻的土地生产率与劳动生产率均有所增长，但劳动生产率的增长速度远快于土地生产率的增长速度,而水稻增长路径的斜率 $K=0.07$,因此,我国水稻生产为劳动生产率导向路径,主要依靠"劳动节约型"的机械技术促进水稻增长。与此同时,我国四大种植区的水稻劳动生产率的增长速度也远远快于土地生产的增长速度,而且各个种植区水稻增长路径的斜率 K 均小于 1,因此四大种植区的水稻生产均是由"劳动节约型"的机械技术主导的。其中,早籼稻种植区和中籼稻种植区对劳动生产率导向路径的依赖程度最高。

7.4 本章小结

基于技术进步路径模式维度,可以将水稻成本分为生物化学投入成本、机械投入成本、土地成本、人工成本与其他成本。本章主要研究水稻成本投入要素价格变化对要素投入结构变化的诱导效应以及水稻单要素生产率的增长机制,主要研究结论如下。

2004—2016 年,我国水稻生产的劳动力价格(即劳动日工价与雇工工价)大幅上涨,导致劳动用工数量的减少与机械投入成本的提高,劳动力价格的上升诱致出了"劳动节约型"的机械技术。与此同时,我国水稻的土地价格(即流转地租金与自营地折租)也不断提高,生物化学投入成本在波动中有所上升,土地价格的攀升诱致出了"土地节约型"的生物化学技术。

通过基于单要素生产率指标的二位相图增长分析方法得出,我国及四大种植区水稻增长路径的斜率 K 均小于 1,意味着我国及四大种植区水稻均选择了劳动生产率导向路径,主要依靠"劳动节约型"的机械技术促进水稻增长,而早籼稻种植区和中籼稻种植区对劳动生产率导向路径的依赖程度最高。

8 水稻生产增长路径选择及差异分析——基于技术进步路径模式视角

随着工业化、城镇化的迅速推进,加之"刘易斯"拐点的出现和人口红利的逐渐消失,土地要素的稀缺程度提高,粮食生产所面临的要素禀赋结构和相对价格正在发生根本性的变化,粮食生产逐渐进入到劳动力成本、土地经营成本和机会成本迅速上升的发展区间。这些都要求推动粮食产业发展由数量增长为主向数量质量效益并重转变、由主要依靠物质要素投入向依靠科技创新转变,这是农业供给侧结构性改革下降低粮食作物生产的成本、提高粮食生产综合经济效益、增加农民受益的主动选择。

对于农业生产来说,主要存在两种模式的技术进步,一种是用机械和动力代替劳动力以提高劳动生产率的机械型技术进步,另一种是用生物化学技术代替土地以提高土地生产率的生物化学型技术进步。随着劳动日工价与雇工工价的大幅上涨,劳动力投入和机械成本投入出现"剪刀差"现象,即劳动力价格的上升会诱致出"劳动节约型"的机械技术;随着土地成本——生物化学技术投入价格比率的不断上升,生产者将会减少对土地的投入,而更倾向于使用"土地节约型"的生物化学技术进行生产,即土地成本的上升会诱致出"土地节约型"的生物化学型技术进步。研究的结果表明，生产要素的稀缺程度不仅影响主要粮食作物生产成本高低，而且决定着主要粮食作物生产技术进步的路径模式。因此，本章主要运用2004—2016年我国水稻生产相关数据，构建计量经济模型，我国不同种植区水稻生产的机械型技术进步和生物化学型技术进步，对水稻生产阶段中起主导作用的技术进步模式进行分析与判定，探究我国水稻生产技术进步模式选择的差异性。

8.1 不同种植区水稻生产投入分析

8.1.1 水稻生产总体情况分析

水稻是我国的三大主粮之一，在粮食生产、流通和消费中具有十分重要的战略地位。水稻生产的平稳发展，对我国的粮食安全有着至关重要的作用，同时也是提高农民收入、保证国民生活、维护国家安全的重要手段。

从稻谷种植面积方面来看，2004—2016年，我国稻谷种植面积大体经历了稳步增长的发展态势（图8-1）。我国的稻谷种植面积由2004年的2 837.9万公顷逐步增加到2016年的3 074.6万公顷，增加了236.7万公顷，增加幅度达到了8.34%，年均增长率达到了0.67%。从稻谷产量方面来看，2004—2016年，我国稻谷产量也是大体经历了稳步增长的发展态势（图8-2）。2004—2016年，我国的稻谷产量由2004年的17 908.8万吨逐步增加到2016年的21 109.4万吨，增加了3 200.7万吨，增加幅度达到了17.87%，年均增长率达到了1.38%。与此同时，从稻谷单产水平方面来看，2004—2016年，我国稻谷单产水平也是呈现逐年递增的发展态势（图8-3）。全国稻谷单产水平由2004年的6 310.61千克/公顷逐步增加到2016年的6 865.77

千克/公顷，增加幅度达到了 8.80%，年均增长率达到了 0.71%。

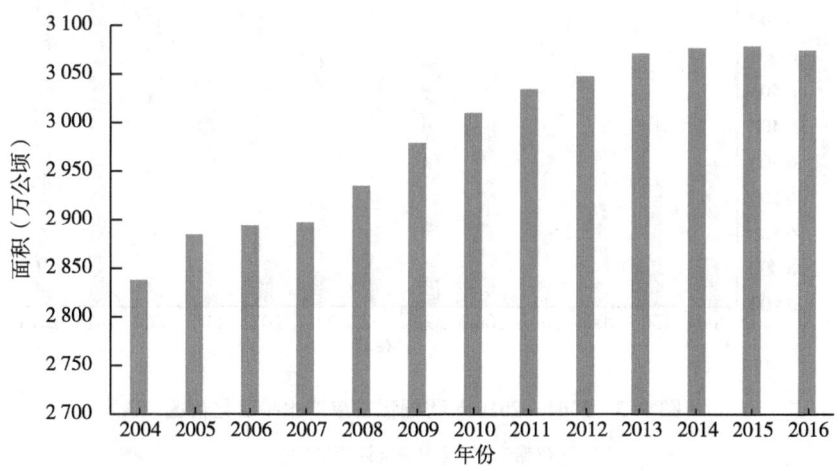

图 8-1 2004—2016 年我国稻谷种植面积变化情况

（数据来源：《中国统计年鉴》）

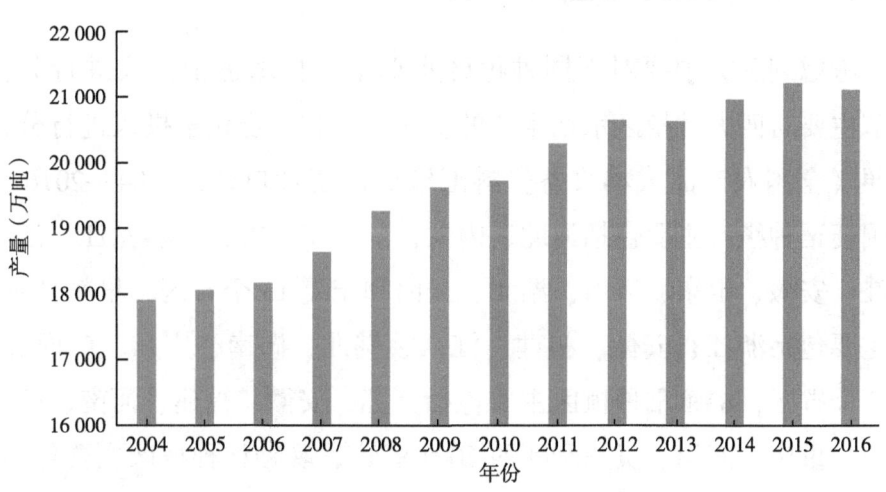

图 8-2 2004—2016 年我国稻谷产量变化情况

（数据来源：《中国统计年鉴》）

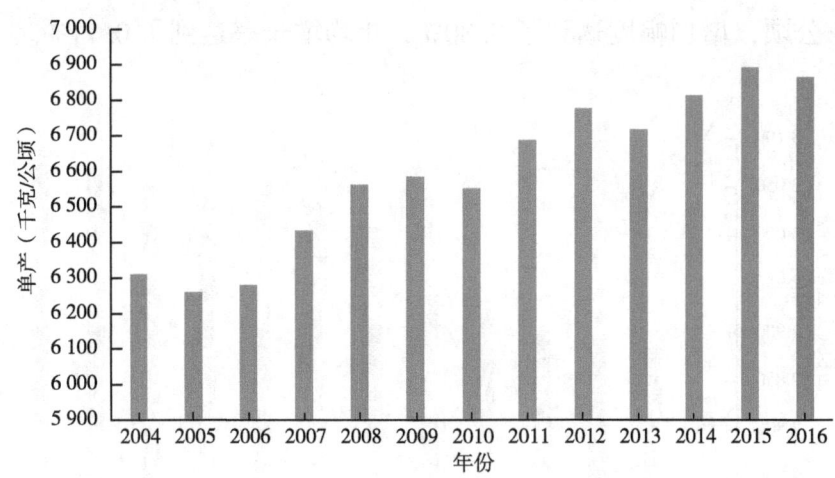

图 8-3　2004—2016 年我国稻谷单产水平变化情况

（数据来源：《中国统计年鉴》）

8.1.2　不同种植区水稻生产投入分析

考虑到后文中要对不同种植区水稻生产技术进步模式进行分析，本节主要对四大种植区水稻生产的机械投入和生物化学投入进行分析。按照《全国农产品成本收益资料汇编》的统计口径，2004—2016 年，我国粳稻种植区主要包括河北、内蒙古、辽宁、吉林、黑龙江、江苏、浙江、安徽、山东、河南、湖北、云南和宁夏 13 个省区，早籼稻种植区主要包括浙江、安徽、福建、江西、湖北、湖南、广东、广西和海南 9 个省区，中籼稻种植区主要包括江苏、安徽、福建、河南、湖北、湖南、重庆、四川、贵州和陕西 10 个省市，晚籼稻种植区主要包括浙江、安徽、福建、江西、湖北、湖南、广东、广西和海南 9 个省区。

从各个水稻种植区的机械投入变化态势来看，四大种植区均总体保持着逐年显著增加的趋势（图 8-4）。其中，早籼稻种植区、中籼稻种植区、晚籼稻种植区和粳稻种植区的机械投入分别由2004年的38.69元/亩、39.01元/亩、43.58元/亩和86.73元/亩增加到2016年的193.56元/亩、159.68元/亩、204.83元/亩和263.25元/亩,增幅分别达到了400.28%、309.33%、370.01%和203.53%,年均增长率分别达到了14.36%、12.46%、13.77%和9.69%。从各个水稻种植区的机械投入总量情况来看,各个优势区之间机械投入存在一定的差异。其中,粳稻种植区最高,晚籼稻种植区次之,早籼稻种植区位列第三,而中籼稻种植区最少。地理因素是影响各个不同种植区机械投入的重要因素,粳稻种植区的地势以平原为主,便于机械化生产的广泛推广与应用。

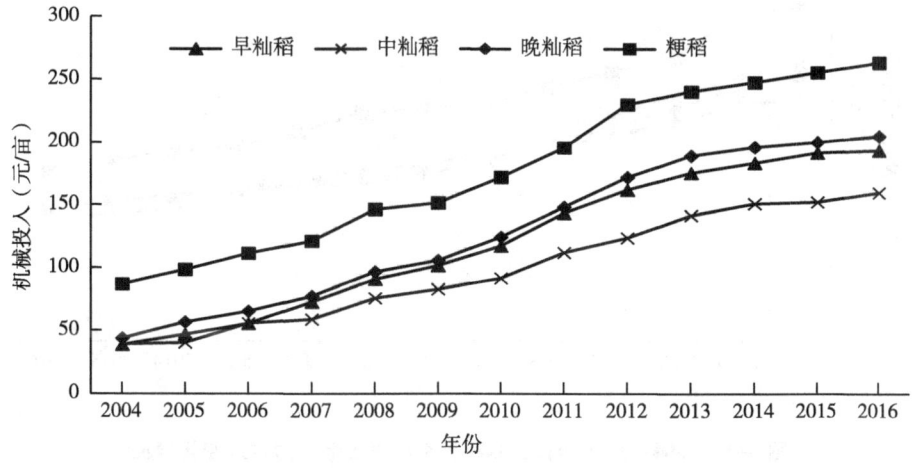

图8-4 2004—2016年四大水稻种植区每亩机械投入变化情况

从各个水稻种植区的劳动力投入变化态势来看,四大种植区均总体保持着逐年显著减少的趋势(图8-5)。其中,早籼稻种植区、中籼稻种植区、晚籼稻种植区和粳稻种植区的劳动力投入分别由2004年的

11.74天/亩、14.09天/亩、11.28天/亩和10.30天/亩减少到2016年的5.55天/亩、7.17天/亩、5.53天/亩和4.99天/亩，减幅分别达到了52.73%、49.11%、50.98%和51.55%。结合机械投入变化趋势分析发现，劳动力投入和机械投入之间存在明显的"剪刀差"，随着工业化和城镇化的快速推进，大量农村劳动力向二三产业转移，导致农村劳动力成本提高，进而加大了对机械投入的需求。从各个水稻种植区的劳动力投入总量情况看来，各个优势区之间劳动力投入存在一定差异。其中，中籼稻种植区最高，早籼稻种植区次之，晚籼稻种植区位列第三，而粳稻种植区最少。

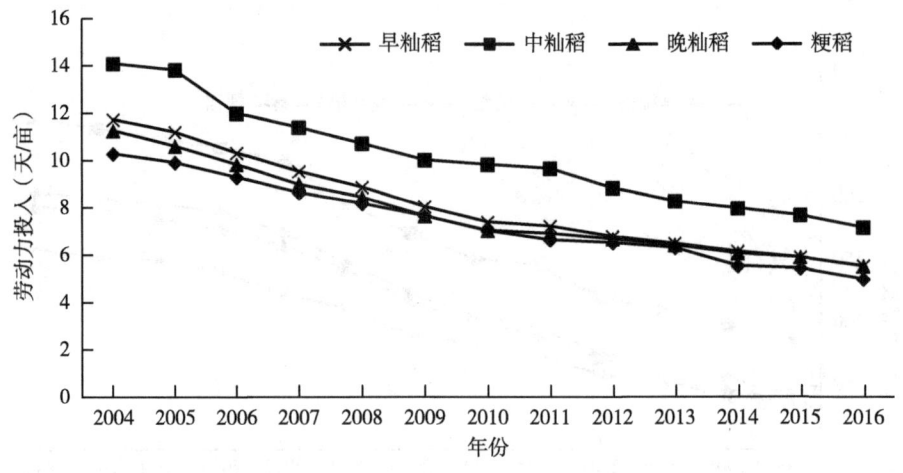

图8-5　2004—2016年四大水稻种植区每亩劳动力投入变化情况

从各个水稻种植区的生物化学投入变化态势来看，四大种植区总体保持着稳步增加的发展态势（图8-6）。其中，早籼稻种植区的生物化学投入由2004年的109.47元/亩逐步增加到2016年的244.82元/亩，增加幅度达到了123.64%，年均增长率达到了6.94%；中籼稻种植区的生物化学投入由2004年的113.93元/亩逐步增加到2016年的230.86元/亩,增加幅度达到了102.63%,年均增长率达到了6.06%;晚籼稻种植区的生物化学投入由2004年的125.05元/亩逐步增加到2016年的261.94元/亩,增加幅度达到了109.47%,年均增长率达到了6.36%;粳稻种植区的生物化学投入则是由2004年的143.32元/亩逐步增加到2016年的230.00元/亩,增加幅度达到了60.48%,年均增长率达到了4.02%。与此同时,从各个水稻种植区的生物化学投入总量情况看来,各个种植区之间生物化学投入存在一定差异。目前,晚籼稻种植区最高,早籼稻种植区次之,粳稻种植区位列第三,而中籼稻种植区最少。

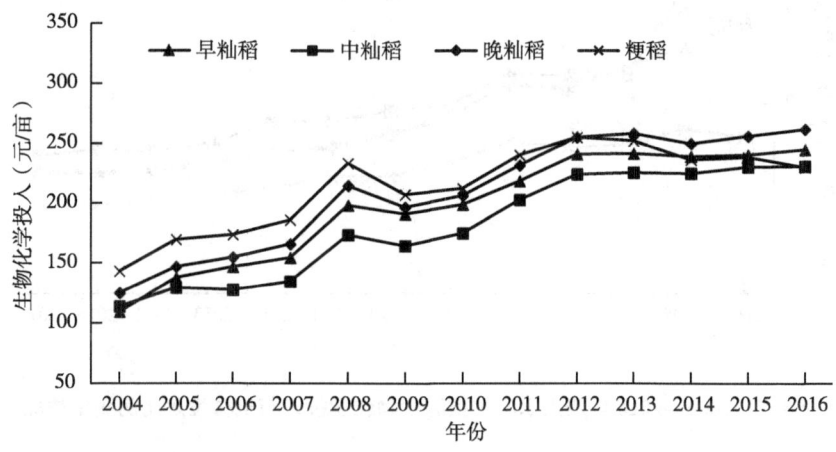

图8-6 2004—2016年四大水稻种植区生物化学投入变化情况

从各个水稻种植区的机械投入和生物化学投入比例情况来看,各个优势区生物化学投入均高于机械投入,其在物质费用中所占的比重也均超过50%(图8-7)。其中,2016年,中籼稻种植区生物化学投入与机械投入之比为1.45，两者相对差距最大；粳稻种植区生物化学投入与机械投入之比为0.87，两者相对差距最小。从机械投入和生物化学投入的动态结构变化来看，2004—2016年四大水稻种植区的生物化学投入与机械投入之比均呈现稳步下降的态势。早籼稻种植区、中籼稻种植区、晚籼稻种植区和粳稻种植区的生物化学投入与机械投入之比分别由2004年的2.83、2.92、2.87和1.65下降到2016年的1.26、1.45、1.28和0.87。可见，各个水稻种植区对于机械投入的重视程度逐渐提高。

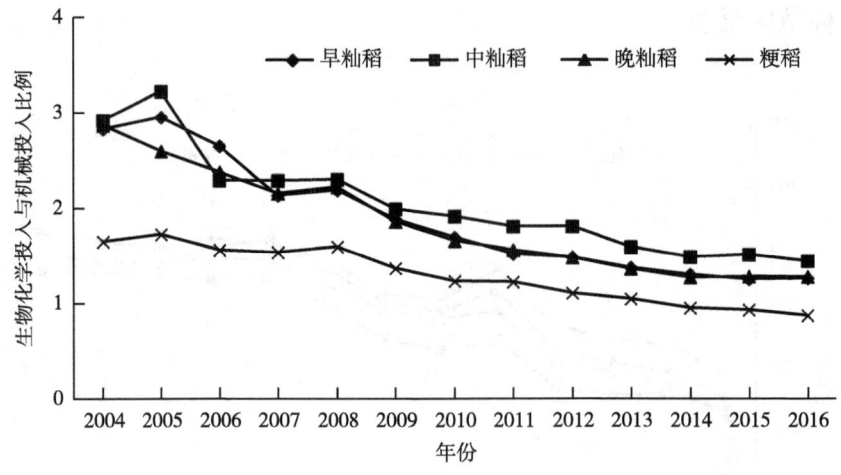

图8-7　2004—2016年四大水稻种植区生物化学投入与机械投入比例变化情况

8.1.3　小结

水稻是我国的三大主粮之一，在粮食生产、流通和消费中具有十分重要的战略地位。水稻生产的平稳发展，对我国的粮食安全有着至关重要的作用，同时也是提高农民收入、保证国民生活、维护国家安全的重要手段。近年来，我国水稻生产总体保持着稳步增长的发展态势。从水稻生产投入来看，四大种植区明显表明机械投入对劳动力投入的替代作用，即机械投入增加，劳动力投入减少。其中，粳稻种植区最高，晚籼稻种植区次之，早籼稻种植区位列第三，而中籼稻种植区最少。地理因素是影响各个不同种植区机械投入的重要因素，粳稻种植区的地势以平原为主，便于机械化生产的广泛推广与应用。而各个不同水稻种植区的生物化学投入则呈现稳步增加的发展态势。其中，晚籼稻种植区最高，早籼稻种植区次之，粳稻种植区位列第三，而中籼稻种植区最少。从物质费用构成情况来看，各个不同水稻种植区的生物化学投入均高于机械投入，其在物质费中所占的比重均超过50%，但四大水稻种植区的生物化学投入与机械投入之比均呈现稳步下降的态势，可见，各个水稻种植区对于机械投入的重视程度正在逐渐提高。

8.2 水稻技术进步模式的测度

8.2.1 研究方法

本节主要通过利用E-S模型（荏开津典生，1985）来测度不同阶段、不同种植区域水稻生产的生物化学型技术进步和机械型技术进步程度。在农业生产中，其生产要素投入主要包括土地、劳动力、农业机械和生物化学投入，其生产函数形式为：

$$Y = f(V, S, L, K) \tag{8-1}$$

其中，Y代表水稻产量，V代表种子、化肥、农药等生物化学投入，S代表水稻土地投入，L代表劳动力投入，K代表农业机械、农业设备等机械投入。

在生产函数的具体形式上，比较理想的是柯布-道格拉斯生产函数,但是它要求在投入要素之间具有替代性,根据现有的研究成果以及农业生产实际,认为 V 和 S 具有替代关系,可以作为一组来体现生产的生物化学技术,K 和 L 具有替代关系,可以作为一组来体现机械技术进步,并且这两组之间具有互补关系,这就有了农业生产过程的生物化学(BC)过程和机械(M)过程,它们就是农业生产过程中 BC 侧面和 M 侧面。

根据里昂惕夫生产函数的思想,可以得到如下生产函数:

$$Y = \min [F(V,S), G(L,K)] \tag{8-2}$$

$$F = A V^\alpha S^\beta$$

$$G = B K^\gamma L^\delta$$

其中,A、B、β、γ、δ、α 为待估变量。

根据 E-S 模型,可以将生产函数设定为:

$$Y_{BC} = A V^\alpha S^\beta \tag{8-3}$$

$$Y_M = B K^\gamma L^\delta \tag{8-4}$$

式(8-2)和式(8-3)分别表示水稻生产的生物化学型(BC)生产函数和机械型(M)生产函数。

在此基础上分别建立 t 期及 $t+n$ 期水稻生产的 BC 型和 M 型生产函数,根据下面公式来测定某一时期的生物化学型(BC)技术进步指数和机械型(M)技术进步指数:

$$Q_{BC} = \frac{A_{t+n} V_{t+n}^\alpha S_{t+n}^\beta}{A_t V_t^\alpha S_t^\beta} \tag{8-5}$$

$$Q_M = \frac{B_{t+n} K_{t+n}^\gamma L_{t+n}^\delta}{B_t K_t^\gamma L_t^\delta} \tag{8-6}$$

其中,Q_{BC} 和 Q_M 是某一时期的 BC 型和 M 型技术进步指数。

8.2.2 样本选择与数据来源

本节使用的数据均来自历年《全国农产品成本收益资料汇编》《中国农村统计年鉴》等官方统计资料。为了保证数据的可得性和完整性，本节选取了2004—2016年，我国粳稻种植区主要包括河北、内蒙古、辽宁、吉林、黑龙江、江苏、浙江、安徽、山东、河南、湖北、云南和宁夏13个省区，早籼稻种植区主要包括浙江、安徽、福建、江西、湖北、湖南、广东、广西和海南9个省区，中籼稻种植区主要包括江苏、安徽、福建、河南、湖北、湖南、重庆、四川、贵州和陕西10个省市，晚籼稻种植区主要包括浙江、安徽、福建、江西、湖北、湖南、广东、广西和海南9个省区。水稻生产数据主要包括水稻产量、每亩土地投入、每亩用工人数，生物化学投入（种子费、化肥费、农家肥费、农药费、农膜费）、机械投入（机械作业费、排灌费、燃料动力费）。为了消除价格因素的影响，本节以2004年为基期，使用农业生产资料综合指数对水稻生产的生物化学投入和机械投入数据进行平减。

8.3 早籼稻生产技术进步模式分析

8.3.1 早籼稻生产技术进步模式的年度判别

本节对早籼稻生产的 M 生产函数和 BC 生产函数进行线性回归，并在此基础上计算各要素的技术进步指数，表8-1、表8-2分别为 M 生产函数和 BC 生产函数的回归结果。

从早籼稻机械型生产函数回归结果来看，机械投入弹性系数总体呈波动式上升的发展态势（表8-1）。在2015年达到最高点0.319，整体上升趋势明显，表明随着机械投入的不断增加，其对产出的贡献也越来越大，机械投入的边际产出效应也随之不断提高；与此同时，劳动投入弹性系数总体则呈波动式下降趋势，说明机械投入对劳动投入的替代作用日渐增强。

表 8-1 2004—2016 年早籼稻机械型生产函数回归结果

年份	机械投入弹性系数	劳动力投入弹性系数	常数项
2004	0.066	0.158	5.346
2005	0.004	0.043	5.809
2006	0.003	0.056	5.817
2007	0.023	0.002	6.082
2008	0.109	0.026	6.488
2009	0.039	0.013	6.227
2010	0.002	0.187	5.598
2011	0.054	0.058	6.148
2012	0.037	0.113	5.650
2013	0.175	0.117	7.071
2014	0.157	0.045	6.868
2015	0.319	0.069	7.676
2016	0.133	0.118	5.214

从早籼稻生物化学型生产函数回归结果来看，2004—2016 年早籼稻生物化学型投入弹性系数和土地投入弹性系数均表现出较大的波动性，近年来生物化学型投入弹性系数要明显高于土地投入弹性系数，二者之间存在一定的替代性（表 8-2）。但生物化学型投入弹性系数整体呈下降的发展态势，因此，生物化学型投入对早籼稻产量的促进作用正在削弱。

表 8-2 2004—2016 年早籼稻生物化学型生产函数回归结果

年份	生物化学投入弹性系数	土地投入弹性系数	常数项
2004	0.225	0.020	5.005
2005	0.053	0.049	5.483
2006	0.070	0.022	5.699
2007	0.064	0.004	5.665
2008	0.074	0.019	5.698
2009	0.224	0.133	6.570
2010	0.108	0.138	4.834
2011	0.066	0.092	5.298
2012	0.023	0.020	5.834
2013	0.078	0.055	6.185
2014	0.048	0.101	5.352
2015	0.055	0.036	6.149
2016	0.233	0.081	4.512

8.3.2 早籼稻技术进步模式的阶段性判别

早籼稻生产不仅受到土地、劳动力、机械投入、生物化学投入等因素的影响，还会受到气候条件等其他外界因素的影响，而且从2004至2016年时间跨度较长，可能会丢失一些机械型技术和生物化学型技术的变化信息。因此，根据农业发展的阶段划分，本节将这一时期分为2004—2007年和2008—2016年两个阶段，对各个阶段机械型生产函数和生物化学型生产函数进行分析，表8-3为这两阶段机械型生产函数和生物化学型生产函数的回归结果。

从回归结果来看，机械型生产函数和生物化学型生产函数的显著性检验都较为理想。两阶段弹性系数相比，机械投入弹性系数由0.030增长到0.050，其对劳动力的替代由0.48增加到0.68。而与此同时，生物化学投入弹性系数由0.066下降到0.042，其对土地的替代由3.88

下降到 0.55。可见，从阶段性分析结果来看，现阶段我国早籼稻生产正由生物化学型技术进步为主向机械型技术进步为主转变。

表 8-3 不同阶段我国早籼稻机械型生产函数和生物化学型生产函数回归结果

阶段	M 函数			BC 函数		
	机械投入弹性系数	劳动力投入弹性系数	常数项	生物化学投入弹性系数	土地投入弹性系数	常数项
2004—2007	0.030	0.063	5.697	0.066	0.017	5.578
2008—2016	0.050	0.074	5.658	0.042	0.076	5.481

8.4 中籼稻生产技术进步模式分析

8.4.1 中籼稻生产技术进步模式的年度判别

本节对中籼稻生产的 M 生产函数和 BC 生产函数进行线性回归，并在此基础上计算各要素的技术进步指数，表 8-4、表 8-5 分别为 M 生产函数和 BC 生产函数的回归结果。

从中籼稻机械型生产函数回归结果来看，机械投入弹性系数总体呈现在大幅波动中逐渐上升的发展态势，在 2013 年达到最高点，0.284，整体上升趋势明显，表明随着机械投入的不断增加，其对产出的贡献也越来越大，机械投入的边际产出效应也随之不断提高。

从中籼稻生物化学型生产函数回归结果来看，2004—2016 年中籼稻生物化学型投入弹性系数整体表现稳步提升的发展态势，特别是近年来，生物化学型投入弹性系数要明显高于土地投入弹性系数，二者之间存在一定的替代性，因此，生物化学型投入对中籼稻产量的促进作用正在不断增强。

表 8-4 2004—2016 年中籼稻机械型生产函数回归结果

年份	机械投入弹性系数	劳动力投入弹性系数	常数项
2004	0.009	0.089	6.429
2005	0.027	0.056	6.400
2006	0.241	0.277	4.522
2007	0.142	0.130	5.332
2008	0.029	0.096	6.560
2009	0.037	0.165	6.709
2010	0.009	0.035	6.318
2011	0.253	0.392	8.133
2012	0.025	0.053	6.251
2013	0.284	0.237	7.937
2014	0.086	0.150	6.937
2015	0.085	0.168	7.012
2016	0.152	0.115	7.187

表 8-5 2004—2016 年早籼稻生物化学型生产函数回归结果

年份	生物化学投入弹性系数	土地投入弹性系数	常数项
2004	0.042	0.002	6.424
2005	0.020	0.036	6.395
2006	0.015	0.231	5.325
2007	0.020	0.083	5.773
2008	0.041	0.014	6.361
2009	0.157	0.068	5.157
2010	0.030	0.087	6.440
2011	0.153	0.036	5.619
2012	0.195	0.076	5.634
2013	0.216	0.174	5.922
2014	0.248	0.074	5.383
2015	0.306	0.122	5.360
2016	0.099	0.027	5.919

8.4.2 中籼稻技术进步模式的阶段性判别

中籼稻生产不仅受到土地、劳动力、机械投入、生物化学投入等因素的影响，还会受到气候条件等其他外界因素的影响，而且从2004至2016年时间跨度较长，可能会丢失一些机械型技术和生物化学型技术的变化信息。因此，根据农业发展的阶段划分，本节将这一时期分为2004—2007年和2008—2016年两个阶段，对各个阶段机械型生产函数和生物化学型生产函数进行分析，表8-6为这两阶段机械型生产函数和生物化学型生产函数的回归结果。

表8-6 不同阶段我国中籼稻机械型生产函数和生物化学型生产函数回归结果

阶段	M 函数			BC 函数		
	机械投入弹性系数	劳动力投入弹性系数	常数项	生物化学投入弹性系数	土地投入弹性系数	常数项
2004—2007	0.071	0.064	5.753	0.022	0.050	6.088
2008—2016	0.181	1.171	4.864	1.241	0.306	2.438

从回归结果来看，机械型生产函数和生物化学型生产函数的显著性检验都较为理想。两阶段弹性系数相比，虽然机械投入弹性系数由0.071增长到0.181，但由于劳动力弹性系数也由0.064增长到1.171，因而其对劳动力的替代由1.11降低为0.16。而与此同时，生物化学投入弹性系数由0.022增长到1.241，其对土地的替代由0.44增长到4.06。可见，从阶段性分析结果来看，现阶段我国中籼稻生产主要还是以生物化学型技术进步为主。

8.5 晚籼稻生产技术进步模式分析

8.5.1 晚籼稻生产技术进步模式的年度判别

本节对晚籼稻生产的M生产函数和BC生产函数进行线性回归，并在此基础上计算各要素的技术进步指数，表8-7、表8-8分别为

M 生产函数和 BC 生产函数的回归结果。

表 8-7　2004—2016 年晚籼稻机械型生产函数回归结果

年份	机械投入弹性系数	劳动力投入弹性系数	常数项
2004	0.103	0.014	5.631
2005	0.384	0.355	3.614
2006	0.181	0.122	4.978
2007	0.169	0.296	4.660
2008	0.195	0.185	4.815
2009	0.509	0.389	3.033
2010	1.039	0.774	−0.161
2011	0.406	0.291	3.648
2012	0.201	0.200	7.376
2013	0.203	0.023	5.046
2014	0.164	0.004	5.305
2015	0.522	0.460	9.387
2016	0.366	0.439	8.563

表 8-8　2004—2016 年晚籼稻生物化学型生产函数回归结果

年份	生物化学投入弹性系数	土地投入弹性系数	常数项
2004	0.157	0.030	5.354
2005	2.308	0.317	−4.110
2006	0.749	0.064	2.550
2007	1.119	0.157	1.092
2008	0.487	0.049	3.371
2009	0.497	0.240	2.516
2010	0.056	0.515	3.427
2011	0.092	0.508	4.241
2012	0.135	0.451	4.759
2013	0.207	0.593	4.416
2014	0.601	0.536	6.663
2015	0.548	0.500	6.555
2016	0.491	0.619	5.677

从晚籼稻机械型生产函数回归结果来看，机械投入弹性系数总体

呈现在大幅波动中渐进式上升的发展态势，在 2010 年达到最高点 1.039，整体上升趋势明显，表明随着机械投入的不断增加，其对产出的贡献也越来越大，机械投入的边际产出效应也随之不断提高。

从晚籼稻生物化学型生产函数回归结果来看，2004—2016 年晚籼稻生物化学型投入弹性系数则整体表现出趋于缓慢下降的发展态势，生物化学投入的边际产出能力趋于下降，因此，生物化学型投入对中籼稻产量的促进作用相对比较有限。

8.5.2 晚籼稻技术进步模式的阶段性判别

晚籼稻生产不仅受到土地、劳动力、机械投入、生物化学投入等因素的影响，还会受到气候条件等其他外界因素的影响，而且从 2004 至 2016 年时间跨度较长，可能会丢失一些机械型技术和生物化学型技术的变化信息。因此，根据农业发展的阶段划分，本节将这一时期分为 2004—2007 年和 2008—2016 年两个阶段，对各个阶段机械型生产函数和生物化学型生产函数进行分析，表 8-9 为这两阶段机械型生产函数和生物化学型生产函数的回归结果。

表 8-9　不同阶段我国晚籼稻机械型生产函数和生物化学型生产函数回归结果

阶段	M 函数			BC 函数		
	机械投入弹性系数	劳动力投入弹性系数	常数项	生物化学投入弹性系数	土地投入弹性系数	常数项
2004—2007	0.206	0.201	4.705	0.612	0.050	3.171
2008—2016	0.174	0.046	5.156	0.048	0.368	4.649

从回归结果来看，机械型生产函数和生物化学型生产函数的显著性检验都较为理想。两阶段弹性系数相比，虽然机械投入弹性系数由 0.206 下降到 0.174，但由于劳动力弹性系数也由 0.201 下降到 0.046，

因而其对劳动力的替代由 1.02 增加为 3.78。而与此同时，生物化学投入弹性系数由 0.612 下降到 0.048，其对土地的替代由 12.04 下降到 0.13。可见，从阶段性分析结果来看，现阶段我国晚籼稻生产主要还是以机械型技术进步为主。

8.6 粳稻生产技术进步模式分析

8.6.1 粳稻生产技术进步模式的年度判别

本节对粳稻生产的 M 生产函数和 BC 生产函数进行线性回归，并在此基础上计算各要素的技术进步指数，表 8-10、表 8-11 分别为 M 生产函数和 BC 生产函数的回归结果。

表 8-10　2004—2016 年粳稻机械型生产函数回归结果

年份	机械投入弹性系数	劳动力投入弹性系数	常数项
2004	0.131	0.113	5.381
2005	0.218	0.233	4.676
2006	0.275	0.222	4.473
2007	0.190	0.151	5.044
2008	0.181	0.157	5.096
2009	0.132	0.219	5.170
2010	0.149	0.145	5.240
2011	0.216	0.145	4.978
2012	0.163	0.140	5.254
2013	0.134	0.166	5.324
2014	0.329	0.254	4.262
2015	0.236	0.194	4.835
2016	0.219	0.173	4.943

表 8-11　2004—2016 年粳稻生物化学型生产函数回归结果

年份	生物化学投入弹性系数	土地投入弹性系数	常数项
2004	0.283	0.062	4.564
2005	0.253	0.049	4.696
2006	0.442	0.083	3.615
2007	0.294	0.105	4.278
2008	0.453	0.251	2.788
2009	0.484	0.153	3.093
2010	0.338	0.135	3.882
2011	0.296	0.118	4.204
2012	0.291	0.051	4.580
2013	0.334	0.040	4.397
2014	0.359	0.126	3.870
2015	0.268	0.108	4.436
2016	0.322	0.143	3.980

从粳稻机械型生产函数回归结果来看，机械投入弹性系数总体呈现在大幅波动中渐进上升的发展态势，在 2014 年达到最高点 0.329，整体上升趋势明显，表明随着机械投入的不断增加，其对产出的贡献也越来越大，机械投入的边际产出效应也随之不断提高。

从粳稻生物化学型生产函数回归结果来看，2004—2016 年粳稻生物化学型投入弹性系数则整体表现出趋于缓慢下降的发展态势，生物化学投入的边际产出能力趋于下降，因此，生物化学型投入对中籼稻产量的促进作用相对比较有限。

8.6.2　粳稻技术进步模式的阶段性判别

粳稻生产不仅受到土地、劳动力、机械投入、生物化学投入等因素的影响，还会受到气候条件等其他外界因素的影响，而且从 2004 至 2016 年时间跨度较长，可能会丢失一些机械型技术和生物化学型技术的变化信息。因此，根据农业发展的阶段划分，本节将这一时期分为2004—2007年和2008—2016年两个阶段，对各个阶段机械型生产函数和生物化学型生产函数进行分析，表8-12为这两阶段机械型生产函数和生物化学型生产函数的回归结果。

表8-12 不同阶段我国粳稻机械型生产函数和生物化学型生产函数回归结果

阶段	M 函数			BC 函数		
	机械投入弹性系数	劳动力投入弹性系数	常数项	生物化学投入弹性系数	土地投入弹性系数	常数项
2004—2007	0.206	0.179	4.883	0.289	0.071	4.458
2008—2016	0.193	0.153	5.077	0.338	0.130	3.941

从回归结果来看，机械型生产函数和生物化学型生产函数的显著性检验都较为理想。两阶段弹性系数相比，虽然机械投入弹性系数由0.206下降到0.193，但由于劳动力弹性系数也由0.179下降到0.153，因而其对劳动力的替代由1.15增加为1.26。而与此同时，生物化学投入弹性系数由0.289增加到0.338，但由于土地投入弹性系数也由0.071增加为0.130，因而其对土地的替代由4.07下降到2.06。可见，从阶段性分析结果来看，现阶段我国粳稻生产正由生物化学型技术进步为主向机械型技术进步为主转变。

8.7 本章小结

本章基于技术进步模式的视角，研究水稻生产增长路径的选择及差异，以提出不同种植区域水稻生产应选择的与其资源禀赋相匹配的技术进步路径模式，主要研究结论如下：从整体情况来看，我国四大种植区域水稻生产的机械投入弹性系数基本呈现不断提高的发展趋势，而劳动力投入弹性系数整体则呈现下降趋势,机械投入对劳动力投入的替代效应增强;然而,生物化学型投入弹性系数则是表现出较大的波动性,且生物化学型投入对水稻产量的促进作用相对有限。从阶段性分析结果来看,现阶段我国早籼稻、晚籼稻和粳稻生产正由生物化学型技术进步为主向机械型技术进步为主转变,而中籼稻生产主要还是以生物化学型技术进步为主。

9　研究结论与政策建议

通过以水稻生产作为研究对象，从以下 9 个方面开展相关研究：一是在成本理论、规模经济理论、比较优势理论、成本效率理论等经济学相关理论以及相关研究成果的指导下，构建起农业生产者从事粮食作物生产活动及其影响因素的分析框架；二是对世界水稻产业发展情况、地理空间布局等方面进行深入分析，并对日本、泰国、越南等主产国的水稻生产发展情况进行概述；三是从水稻种子生产、水稻生产与流通、水稻产业技术进步、未来市场研判等方面对我国水稻产业发展情况进行系统分析；四是对水稻生产投入和产出的现阶段特点、动态特征及其差异进行研究，梳理水稻生产成本和收益的变化特点和演变趋势；五是通过对中美水稻生产的成本差异及成因进行比较分析，合理归纳和总结优化对我国水稻生产成本的借鉴与启示；六是深刻分析水稻生产收益的影响因素，以判定影响水稻生产收益的主要因素，进而评估这些投入要素及其影响因素的变化对水稻生产收益影响的敏感程度；七是在上述实证研究的基础上，深入探究水稻成本投入要素的诱导效应及增长机制，从而进一步深入分析水稻成本投入要素价格变化对要素投入结构变化的诱导效应与水稻单要素生产率的增长机制；八是从技术进步模式的研究角度，深入研究水稻生产增长路径选择及差异，从而提出不同类型、不同区域水稻生产应选择的与其资源禀赋相匹配的技术进步路径模式；九是对本研究的主要结论进行全面、系统的总结和提炼，并从加快推进水稻产业科技进步、积极培育现代水稻生产新型经营主体、不断健全完善水稻市场发展机制、提高农业机械的综合性能和质量水平、加大水稻产业科技研发投入力度等方面，因地制宜地提出在经济发展新常态背景下，我国水稻生产节本增效的有效路径和发展方向。本研究成果，对制定我国经济发展新常态下更为有效的水稻生产可持续发展的支持政策、降低水稻生产成本、提高水稻生产的综合效益、增加农民收入，都具有十分重要的理论和现实意义。

9.1 研究结论

9.1.1 世界水稻生产进入了快速稳定发展时期

水稻在世界范围内的种植区域分布相对比较广泛，在世界五大洲均有不同规模种植，绝大部分分布在东亚、东南亚、南亚的季风区，其中约有90%的水稻生产来自亚洲。自20世纪90年代以来，世界水稻生产进入了快速稳定的发展时期，世界的水稻产量、种植面积和单产水平等各项指标都不断创造新高。世界水稻产量由2011年的72 637.63万吨逐步增加到2017年的76 965.78万吨，增长幅度达到了5.96%。水稻种植面积由2011年的16 275.26万公顷逐步增加到2017年的16 724.91万公顷，增长幅度达到了2.76%。水稻平均单产水平由2011年的4 463.1千克/公顷稳步增长到2017年的4 601.9千克/公顷，增长幅度达到了3.11%。与此同时，进入21世纪以来，世界水稻科技日新月异地飞速发展，同时也呈现了新的发展特点。目前，以追求高效高产、营养健康、绿色环保、可持续发展为目标的新型现代水稻科学技术体系正在加速形成，并呈现其鲜明的特点。

9.1.2 我国水稻生产总体呈波动中稳步上升发展态势

我国水稻产量总体呈现在波动中稳步上升的发展态势。由2011年的20 288万吨稳步增加到2017年的21 268万吨，增加幅度达到了4.83%。水稻种植面积总体呈现先增后减的发展态势。先是从2011年的3 033.8万公顷逐步增加到2015年的3 078.4万公顷，但受到国家全面调低稻谷最低收购价、比较经济效益较低等因素共同作用，导致此后两年中国水稻种植面积出现一定程度的缩减，到2017年中国水稻种植面积为3 074.7万公顷，比2015年减少0.12%。水稻单产水平总体呈现在波动中稳步上升的发展态势。由2011年的6 687.32千克/公顷逐步增加到2017年的6 917.10千克/公顷，增加了3.44%。近年来水稻高新技术研究的飞速发展，为开展新一轮农业科技革命奠定了良好的基础。与此同时，我国稻谷生产将继续保持稳定。稻谷种植面积将继续扩大，单产水平持续提高，总产量继续保持稳定。我国稻米消费将继续呈稳中有升的发展态势。稻谷的种用消费将基本保持稳定，损耗出现一定幅度的减少。口粮消费保持增长，加工消费和饲用消费略有增加，消费总量增加。未来市场上将会出现更多的绿色有机稻米产品，稻谷和大米的区域公共品牌也会迅速发展，会涌现出一批稻米区域农产品公用品牌。

9.1.3 我国水稻成本投入和产品产出的现阶段特点

成本投入方面，2013—2016年，我国水稻生产总成本为1 182.90元/亩，基于经济成本维度的生产成本与土地成本分别为973.86元/亩和498.48元/亩，基于会计成本维度的现金成本与机会成本分别为587.29元/亩和595.61元/亩，基于技术进步路径模式维度的生物化学投入成本、机械投入成本、人工成本、土地成本、其他成本分别为241.29元/亩、196.55元/亩、498.48元/亩、209.04元/亩和37.54元/亩。产品产出方面，2013—2016年，我国水稻基于产品实物量维度的主产品产量、主产品已出售产量分别为483.51千克/亩和341.46千克/亩，基于产品产值维度的主产品产值、副产品产值、主产品已出售产值分别为1 334.49元/亩、17.65元/亩和933.72元/亩，基于产品收益维度的净利润及现金收益分别为169.25元/亩和764.86元/亩。

水稻四大种植区成本投入和产品产出方面差异显著。成本投入方面，我国水稻四大种植区总成本，基于经济成本维度的水稻生产成本与土地成本，基于会计成本维度的现金成本与机会成本，基于技术进步路径模式维度的生物化学投入成本、机械投入成本、土地成本、人工成本与其他成本，均存在显著的差异。产品产出方面，我国水稻四大种植区基于产品实物量维度的主产品产量和主产品已出售产量，基于产品产值维度的主产品产值和主产品已出售产值，基于产品收益维度的净利润和现金收益，均存在显著的差异。

9.1.4 水稻生产人工成本与土地成本呈现逐年攀升的特征

工业化与城镇化的发展，一方面使得农业比较优势逐渐丧失，大量农业劳动力向二三产业转移，造成农业劳动力价格的上涨以及从事农业机会成本的增加，进而导致水稻生产人工成本大幅增长，水稻生产人工成本由2004年的171.44元/亩增加至2016年的359.76元/亩，增幅达到了109.84%。另一方面，致使农用耕地不断减少，加之2003年政府出台了减免农业税及发放各类农业补贴的政策，耕地需求快速增加，土地供需矛盾加剧，土地价格显著上涨，使得水稻生产的土地成本也由 2004 年的 56.96 元/亩增加至 2016 年的 161.19 元/亩，增加幅度达到了 182.99%。2016 年，水稻生产的人工成本与土地成本居于前两位，无论是绝对量还是增长速度，均不同程度高于机械投入成本与生物化学投入成本。

9.1.5 基于现金成本的水稻生产现金收益和基于总成本的净利润在波动中趋于下降的发展态势

2004—2016 年，我国水稻的净利润和现金收益整体均呈现波动中趋于下降的发展态势。净利润受到成本与产值的共同影响，总成本的上涨幅度远大于总收益的上涨幅度，导致我国水稻的净利润逐年趋于下降。我国水稻的净利润和现金收益分别由 2004 年的 285.09 元/亩和 484.70 元/亩下降到 2016 年的 72.95 元/亩和 380.03 元/亩，下降幅度分别达到了 74.41% 和 21.60%，年均增长率分别为 -10.74% 和 -2.01%。

9.1.6 中美两国水稻生产的成本水平和成本构成上存在较大差异

从总体发展的角度来看，除个别年份所有下降外，2013—2017 年，中美两国水稻生产的总成本整体均表现不断上涨的发展态势。但是，从水稻生产的成本数量和变动规律方面来看，中美两国之间还尚存在一定的差异，主要体现在以下两个方面：一方面，中美两国水稻生产的总成本存在明显差距，中国水稻生产的总成本整体要明显高于美国；另一方面，中美两国水稻生产的总成本的变动规律各不相同。从成本变动规律的角度来看，中美两国之间存在显著的差异。中国水稻生产的总成本呈现不断增加的变动规律，而美国水稻生产的总成本则呈现先降后增的变动规律。除了成本数量和变动规律存在差异，中国和美国水稻生产成本的差异性还体现在两国水稻生产成本的构成方面。第一，中国水稻生产的成本结构是以直接费用和人工成本为主，而美国水稻生产的成本结构则是单纯以直接费用为主、其他各个成本之间相对比较均衡。

9.1.7 基本投入要素、自然环境条件、区域环境对水稻生产者现金收益产生影响

水稻生产的现金收益对劳动投入的变动最为敏感，其次为机械投入，最后为生物化学投入，三者对我国水稻生产现金收益的增加具有显著的正向促进作用，其在几何平均数处的产出弹性分别为0.28、0.17、0.02。与此同时，土地投入和其他投入的增加将导致水稻生产现金收益的减少。其在几何平均数处的产出弹性分别为 -0.07 和 -0.04。使用生物化学投入代替土地投入，使用农业机械投入代替劳动投入，更有利于水稻生产者现金收益的提高。自然环境条件对水稻生产收益的影响显著。水灾、旱灾等自然灾害的发生将减少当年的水稻产量，进而间接影响水稻生产者的现金收益。区域环境因素方面，在其他因素一定的条件下，相较于早籼稻种植区，中籼稻种植区、晚籼稻种植区和粳稻种植区的水稻生产者的现金收益更高，其中粳稻种植区的正向影响力最大。

9.1.8 当前我国水稻生产主要是以劳动生产率为导向路径

根据速水-拉坦的农业诱致性技术变迁理论，农业生产要素相对价格的变化会诱致技术进步的路径方向及要素之间的相互替代。2004—2016年，我国水稻生产的劳动力价格大幅上涨，导致劳动用工数量的

减少与机械投入成本的提高,劳动力价格的上升诱致出了"劳动节约型"的机械技术。与此同时,我国水稻的土地价格也不断提高,生物化学投入成本在波动中有所上升,土地价格的攀升诱致出了"土地节约型"的生物化学技术。在农业劳动力流失及劳动力机会成本上涨的背景下,我国及四大种植区水稻均选择了劳动生产率导向路径,主要依靠"劳动节约型"的机械技术促进水稻增长,而早籼稻种植区和中籼稻种植区对劳动生产率导向路径的依赖程度最高。

9.1.9 我国四大种植区域水稻生产整体正向机械型技术进步为主转变

从整体情况来看,我国四大种植区域水稻生产的机械投入弹性系数基本呈现不断提高的发展趋势,而劳动力投入弹性系数整体则呈现下降趋势,机械投入对劳动力投入的替代效应增强;然而,生物化学型投入弹性系数则是表现出较大的波动性,且生物化学型投入对水稻产量的促进作用相对有限。从阶段性分析结果来看,现阶段我国早籼稻、晚籼稻和粳稻生产正由生物化学型技术进步为主向机械型技术进步为主转变,而中籼稻生产主要还是以生物化学型技术进步为主。

9.2 政策建议

基于以上研究结论,进而从加快水稻产业科技进步、培育新型经营主体、完善市场发展机制、提高农业机械化水平、加大研发科技研发等方面提出在经济发展新常态下,降低水稻生产成本、提高水稻生产综合效益、实现水稻产业可持续发展的政策建议。

9.2.1 加快推进水稻产业科技进步

坚持科技促进水稻产业发展,改善和提升水稻产业链发展,是我国水稻产业长期可持续发展的动力源。要加快完善我国水稻产业科技创新体系。在大力支持全国行政系统的技术推广体系建设基础之上,充分重视和依托我国水稻产业技术系统基础力量,逐步形成纵向一体化的水稻科技研发与转化,在省市和地区试验点基础上,保持强有力的纵向一体化科研队伍,保持前沿性研发力量,坚持以应用开发为基本方向,提供强有力的政策支持,广泛建立不同层级、不同档次水平和技术方向的水稻技术研发的试验、示范几次,为现代水稻产业的建设与发展,提供强有力的科技支撑。

9.2.2 积极培育现代水稻生产新型经营主体

近年来,在种粮大户、粮食生产专业合作社、农业龙头企业等水稻生产新型经营主体的影响下,已经开始对我国水稻产业发展发挥积极的正面影响。现代水稻产业发展必须要有现代新型经营主体的深入参与。现代水稻产业的形成与可持续发展,重点在于改革传统的水稻产业发展模式,重点在于积极培育现代水稻生产新型经营主体。近年来的发展实践已经证明,与传统小农生产方式相比,现代新型经营主体的水稻综合生产能力要提高许多。因此,积极培育现代水稻生产新型经营主体重点在以下几个方面:一是水稻种植大户转型。过去倡导的种粮大户在水稻生产经营方面相比小农户是一个进步,但并非在真正意义上成为现代水稻生产经营主体,尚未完全实现企业化生产经营,只是与原承包户存在松散联系。二是完善提升水稻生产专业合作社。短短的几年实践,专业合作社在土地集中、要素集聚和统一服务等方面发挥了重要作用，提高了我国水稻综合生产能力，但大量合作社缺乏规范化建设。三是加快发展水稻家庭农场。四是促进农业龙头企业向现代农业企业转型升级。农业龙头企业和农业产业化经营通过10余年的发展，一些与农户有紧密型关系的农业加工企业已经发挥了重要作用，开始真正成为现代稻米企业。由此可见，在加速传统水稻产业向现代水稻产业转变的过程中，培育现代水稻新型生产经营主体，是未来时期我国水稻生产健康、可持续发展的重要力量。

9.2.3 不断健全完善水稻市场发展机制

市场这只看不见的手，无疑应该在产业经济领域发挥基础性作用。近年来，在水稻生产领域，无论是水稻生产用地，还是劳动力投入水稻生产，或是在水稻生产农机化、信息化、稻谷储藏、物流过程，尤其是稻谷收购价格形成过程中，政府财政支持都发挥了重要作用。除了考虑财政全方位支持水稻产业的可持续发展，水稻生产投入品财政补贴已经较高，政府托底的保护性收购稻谷价格也已经很高，稻米价格"扭曲"似乎已经与国际市场价格体系脱离。在此情况下，如何考虑恢复到市场机制在水稻产业发展中真正发挥基础性作用，显得十分迫切。必须考虑从水稻产前到产后的整个产业链条，尤其是稻谷和大米价格形成机制，要由市场来引导，尽管完善市场机制还有大量市场要做，但必须给予高度重视。

9.2.4 提高农业机械的综合性能和质量水平

劳动力价格的攀升诱致我国水稻生产主要采用"节约劳动型"的机械技术进步模式，当前我国水稻机械化生产发展较快，整体机械化水平较高，但仍存在较多问题，如农户经营规模小、科技研发水平有待提高、农机化服务体系尚未健全等问题，进一步通过提升机械化水平提高水稻生产效率的潜力有限，必须从提高机械化生产水平向调整优化农业机械结构提高机械化生产效率转变。一是从产业链角度，大力提高农机具自主研发力度，聚焦水稻生产各个环节，优化农业机械装备结构，提高大中型农机与小型农机的配套效率。二是从区域结构角度，结合各地区地形与种植结构特点，调整各区域机械生产资源，优化农业机械化生产布局，根据不同优势区特点实施适宜的机械化发展方向和措施。同时适当增加对农业机械的补贴力度，健全农业机械社会化服务体系，促进农业生产性服务业发展，加快培育机械化农业生产经营主体，创新服务方式，提升农业机械"规模化作业"的能力和水平。

9.2.5 加大水稻产业科技研发投入力度

当前，农业生产中机械和生物化学投入的边际产出效应远大于劳动力和土地投入，农业生产由原始要素投入向依靠科技生产转变，加大农业科技研发力度与投入。在我国劳动力成本持续上升的环境下，农业科技创新应更加关注节约成本，基于地区优势，研发适宜的农业机械，提升机械作用效率；根据各优势区发展方向，研发适宜的水稻新品种，加快推进特色水稻优势区建设；研发绿色新型肥料，以有机肥替代化肥，提升水稻生产健康化和生态化；加大对病虫害防治、生物农药等生物化学技术的研发，以减少剩余劳动力需求瓶颈的约束。同时促进机械化生产和生物化学技术的有机结合，提升整体作业效率，缓解我国水稻生产与劳动力、耕地稀缺的矛盾。推动信息技术与机械化生产的有机结合，促进智能化农业发展，充分发挥企业在创新中的主体地位和引领作用，创新需求引导方式，以需求引领水稻产业科技创新发展方向。

参考文献

班红勤,2012. 我国主要粮食作物增产增效潜力及其实现策略 [D]. 保定:河北农业大学.

柴斌锋,陈玉萍,郑少锋,2007. 玉米生产者经济效益影响因素实证分析:来自东三省的农户调查 [J]. 农业技术经济(6):34-39.

陈超,李纪生,2008. 基于 SBM 模型的中国水稻生产效率实证分析 [J]. 农业技术经济(4):71-78.

陈飞,范庆泉,高铁梅,2010. 农业政策、粮食产量和粮食生产调整能力 [J]. 经济研究,45(11):101-114.

陈风波,丁士军,2007. 水稻投入产出与稻农技术需求:对江苏和湖北的调查 [J]. 农业技术经济(6):44-50.

陈汉圣,吕涛,1997. 农业生产资料价格变动对农户的影响 [J]. 中国农村观察(2):39-43.

陈健,2003. 辽宁省水稻生产及其产业化现状、问题和发展对策 [J]. 中国稻米,9(5):30-33.

陈庆根,廖西元,2001. 优质水稻生产投入与产出的经济效益评价 [J]. 中国农村经济(3):18-24.

陈庆根，杨万江，2010. 中国稻农生产经济效益比较及影响因素分析：基于湖南、浙江两省565户稻农的生产调查［J］. 中国农村经济（6）：16-24.

陈苏，胡浩，傅顺，2018. 要素价格变化对农业技术进步及要素替代的影响：以玉米生产为例［J］. 湖南农业大学学报（社会科学版），19（3）：24-31.

陈温福，潘文博，徐正进，2006. 我国粳稻生产现状及发展趋势［J］. 沈阳农业大学学报，37（6）：801-805.

陈文佳，2012. 中国水稻生产空间布局变迁及影响因素分析［D］. 杭州：浙江大学.

陈昭玖，胡雯，2016. 要素供给与中国粳稻生产效率增长：技术推动抑或效率驱动：基于DEA-Tobit模型［J］. 农业经济与管理（6）：35-42.

程国强，2011. 中国农业补贴制度设计与政策选择［M］. 北京：中国发展出版社.

程式华，2008. 2008年中国水稻产业发展报告［M］. 北京：中国农业出版社.

程式华，2009. 2009年中国水稻产业发展报告［M］. 北京：中国农业出版社.

程式华，2010. 2010年中国水稻产业发展报告［M］. 北京：中国农业出版社.

程式华，2011. 2011年中国水稻产业发展报告［M］. 北京：中国农业出版社.

程式华，2012. 2012年中国水稻产业发展报告［M］. 北京：中国农业出版社.

程式华, 2016. 中国超级稻育种技术创新与应用 [J]. 中国农业科学, 49 (2): 205-206.

程勇翔, 王秀珍, 郭建平, 2012. 中国水稻生产的时空动态分析 [J]. 中国农业科学, 45 (17): 3473-3485.

戴锦周, 2006. 台湾稻作农家的生产风险与技术效率之研究: 1998—2004 [J]. 农业经济丛刊 (2): 218-213.

邓大才, 2005. 中国粮食生产的机会成本研究 [J]. 经济评论 (6): 45-62.

董宏林, 王微, 2015. 宁夏不同农业经营主体种植玉米和水稻的生产效率比较 [J]. 安徽农业科学, 43 (30): 305-307.

杜永林, 王强盛, 王才林, 2011. 江苏省水稻增产潜力与高产创建技术途径 [J]. 江苏农业学报, 27 (5): 926-932.

伃军, 2013. 近30年江苏省水稻生产的时空变化与效益分析 [D]. 扬州: 扬州大学.

范成方, 史建民, 2013. 粮食生产比较效益不断下降吗？基于粮食与油料、蔬菜、苹果种植成本收益调查数据的比较分析 [J]. 农业技术经济 (2): 31-39.

范少玲, 史建民, 2014. 中美玉米种植成本与收益比较研究 [J]. 湖北农业科学, 53 (1): 241-244.

方福平, 2004. 宏观政策对我国水稻生产发展的影响分析 [J]. 农业经济问题 (9): 11-15.

方福平, 程式华, 2009. 论中国水稻生产能力 [J]. 中国水稻科学, 23 (6): 559-566.

方福平, 王磊, 廖西元, 2005. 中国水稻生产波动及其成因分析 [J]. 农业技术经济 (6): 72-78.

冯涛, 2007. 农业政策国际比较研究 [M]. 北京：经济科学出版社.

高雷, 2011. 水稻种植户生产行为研究：基于要素投入视角 [D]. 北京：中国农业科学院.

宫攀, 韩振铃, 2015. 基于 DEA 模型的山东省耕地投入产出效率研究 [J]. 中国农业资源与区划, 36 (5)：123-131.

顾尧臣, 2009. 世界粮食生产、流通和消费 [M]. 北京：中国财政经济出版社.

桂华, 刘洋, 2017. 我国粮食作物规模化种植及其路径选择：江苏射阳"联耕联种"做法与启示 [J]. 南京农业大学学报（社会科学版）, 17 (1)：100-107.

郭斯华, 季凯文, 2018. 江西水稻生产效率测算及其影响因素分析 [J]. 江西财经大学学报 (2)：90-99.

郭晓鸣, 董欢, 2014. 西南地区粮食经营的现代化之路：基于崇州经验的现实观察 [J]. 中国农村经济 (7)：39-47.

郝明玉, 2013. 河南省水稻生产影响因素及效率分析 [D]. 郑州：河南农业大学.

洪道远, 2018. 技术非效率视角下的水稻生产潜力研究 [D]. 武汉：华中农业大学.

侯亮, 2011. 中美稻谷投入产出浅析 [J]. 时代金融 (6)：125.

胡雯, 严静娴, 陈昭玖, 2016. 要素禀赋约束下中国粳稻生产率的地区差异及收敛性分析 [J]. 农业现代化研究, 37 (6)：1055-1060.

胡忠孝, 2009. 中国水稻生产形势分析 [J]. 杂交水稻, 24 (6)：1-7.

黄英金, 况慧云, 郭进耀, 2007. 对发展我国水稻生态产业经济的几点思考 [J]. 中国生态农业学报, 15 (1): 166-169.

吉星星, 2016. 我国水稻主产区生产效率及技术进步模式研究 [D]. 北京: 中国农业科学院.

冀县卿, 钱忠好, 2015. 如何发挥农业补贴促进农户参与农地流转的靶向作用: 基于江苏、广西、湖北、黑龙江的调查数据 [J]. 农业经济问题 (5): 48-55.

姜长云, 2009. 农产品成本较快上升分析 [J]. 宏观经济管理 (1): 47-49.

姜长云, 张艳平, 2009. 近年来我国农产品成本变化的特点、原因及趋势分析 [J]. 经济研究参考 (58): 9-28.

蒋远胜, 丁明忠, 林方龙, 等, 2007. 四川主要粮食作物生产成本收益分析 [J]. 四川农业大学学报, 25 (3): 357-361, 364.

金连登, 2007. 我国有机稻米生产现状及发展对策研究 [J]. 中国稻米, 13 (3): 1-4.

靖飞, 2008. 江苏省水稻生产投入要素及影响因素实证研究 [J]. 技术经济 (2): 75-80.

孔祥智, 庞晓鹏, 张云华, 2004. 北方地区小麦生产的投入要素及影响因素实证分析 [J]. 中国农村观察 (4): 2-7.

寇佳琪, 2013. 黑龙江省水稻生产区域优势研究 [D]. 哈尔滨: 东北农业大学.

蓝海涛, 姜长云, 2009. 经济周期背景下中国粮食生产成本的变动及趋势 [J]. 中国农村经济 (6): 4-12.

黎用朝, 刘三雄, 曾翔, 2008. 湖南水稻生产概况、发展趋势及对策探讨 [J]. 湖南农业科学 (2): 129-133.

李成贵,2007. 中国农业政策:理论框架与应用分析 [M]. 北京: 社会科学文献出版社.

李凤博,方福平,程式华,2011. 浙江省水稻生产能力和制约因素及对策 [J]. 农业现代化研究,32 (3):261-265.

李谷成,冯中朝,2010. 中国农业全要素生产率增长:技术推进抑或效率驱动:一项基于随机前沿生产函数的行业比较研究 [J]. 农业技术经济 (5):4-14.

李国祥,2017. 深化我国粮食政策性收储制度改革的思考 [J]. 中州学刊 (7):31-37.

李经谋,2012. 中国粮食市场发展报告2012 [M]. 北京:中国财政经济出版社.

李克勤,2004. 东北三省水稻生产概况、经验及启示 [J]. 中国稻米,10 (6):15-16.

李宁,2008. 我国粮食生产成本变化的总趋势及其规律分析 [J]. 价格理论与实践 (9):46-47.

李鹏,谭向勇,2006. 粮食直接补贴政策对农民种粮净收益的影响分析:以安徽省为例 [J]. 农业技术经济 (1):44-48.

李义伦,2016. 粮食价格波动对农民增收的影响探析:以河南省为例 [J]. 中国农业资源与区划,37 (9):103-107.

李逸勉,叶延琼,章家恩,等,2013. 广东省水稻产业发展现状与对策分析 [J]. 中国农学通报,29 (20):73-82.

李英,张越杰,2011. 日本水稻生产效率的实证分析 [J]. 吉林农业大学学报,33 (2):227-230.

李泽华,马旭,2016. 我国水稻单产增长投入要素贡献率测算及动态特征考察 [J]. 统计与决策 (3):94-97.

梁俊芬，周怀康，2017. 广东水稻生产成本收益比较分析［J］. 中国稻米，23（1）：60-64.

廖洪乐，2005. 中国南方稻作区农户水稻生产函数估计［J］. 中国农村经济（6）：11-18.

林源，马骥，2013. 农户粮食生产中化肥施用的经济水平测算：以华北平原小麦种植户为例［J］. 农业技术经济（1）：25-31.

刘爱民，徐丽丽，2002. 中美主要农产品生产成本与效益的比较及评价［J］. 中国农业大学学报（社会科学版）（4）：25-30.

刘德娟，2015. 福建省水稻生产效率的实证研究［J］. 福建农业学报，30（11）：1113-1119.

刘水长，2005. 我国稻米需求和生产情况［J］. 粮食问题研究（3）：16-18.

刘英，2003. 我国稻米加工企业建设发展的思考［J］. 粮食与饲料工业（12）：24-25.

刘莹，黄季焜，2010. 农户多目标种植决策模型与目标权重的估计［J］. 经济研究，45（1）：148-157.

刘颖，洪道远，2018. 要素投入、技术效率与水稻生产能力研究［J］. 华中农业大学学报（社会科学版）（3）：35-43.

刘颖，金雅，王嫚嫚，2016. 不同经营规模下稻农生产技术效率分析：以江汉平原为例［J］. 华中农业大学学报（社会科学版）（4）：15-21.

刘志国，赵帮宏，王余丁，等，2009. 农户视角的惠农政策实施效果评价：基于河北省450份问卷调查［J］. 农业经济（2）：14-16.

卢德成，2018. 中美玉米种植成本比较与分析［J］. 农业展望

(3): 37-42.

陆光米, 朱再清, 2017. 我国棉花与玉米、大豆生产效益的比较分析 [J]. 湖南农业科学 (9): 115-120.

陆文聪, 2004. 对我国主要农产品产需变化趋势的基本判断及其政策启示 [J]. 中国农村经济 (2): 16-24.

吕杰, 金雪, 韩晓燕, 2016. 农户采纳节水灌溉的经济及技术评价研究: 以通辽市玉米生产为例 [J]. 干旱区资源与环境, 30 (10): 151-157.

罗炬, 潘晓芳, 焦桂爱, 2006. 泰国的水稻发展状况及战略 [J]. 世界农业 (10): 36-39.

麻吉亮, 2018. 农户兼业化对粮食生产决策的影响: 以玉米为例 [J]. 山西农业大学学报 (社会科学版), 17 (5): 27-32.

马九杰, 崔卫杰, 朱信凯, 2005. 农业自然灾害风险对粮食综合生产能力的影响分析 [J]. 农业经济问题 (4): 14-17.

马文杰, 2010. 中国粮食综合生产能力研究 [M]. 北京: 科学出版社.

马晓河, 2011. 中国农业收益与生产成本变动的结构分析 [J]. 中国农村经济 (5): 4-11.

马晓河, 蓝海涛, 2008. 中国粮食综合生产能力与粮食安全 [M]. 北京: 经济科学出版社.

马彦丽, 杨云, 2005. 粮食直补政策对农户种粮意愿、农民收入和生产收入的影响: 一个基于河北案例的实证研究 [J]. 农业技术经济 (2): 7-13.

苗珊珊, 陆迁, 2013. 粮农生产决策行为的影响因素: 价格抑或收益 [J]. 改革 (9): 26-32.

聂振邦，2012. 2012中国粮食发展报告［M］. 北京：经济管理出版社.

农业农村部市场预警专家委员会，2018. 中国农业展望报告（2018—2027）［M］. 北京：中国农业科学技术出版社.

农业农村部市场预警专家委员会，2019. 中国农业展望报告（2019—2028）［M］. 北京：中国农业科学技术出版社.

潘鸿，2009. 中国农业科技进步与农业发展［M］. 长春：吉林大学出版社.

潘文博，2009. 东北地区水稻生产潜力及发展战略研究［D］. 沈阳：沈阳农业大学.

潘晓芳，罗炬，2008. 日本水稻生产现况及其启示［J］. 中国稻米，14（4）：19-21.

彭超，2017. 中国农业补贴基本框架，政策绩效与动能转换方向［J］. 理论探索（3）：18-25.

彭克强，2009. 中国粮食生产收益及其影响因素的协整分析：以1984-2007年稻谷、小麦、玉米为例［J］. 中国农村经济（6）：13-25.

彭澧丽，杨重玉，龙方，2011. 农业机械化对粮食生产能力影响的实证分析：以湖南省为例［J］. 技术经济（1）：34-38.

青先国，黄大金，艾治勇，2008. 中国杂交水稻产业经济发展战略［J］. 湖南农业大学学报（自然科学版），34（6）：617-623.

青先国，杨光立，肖小平，2006. 论我国中部崛起中的水稻产业发展战略［J］. 农业现代化研究，27（2）：81-86.

阮清廉，刘喜，江玲，等，2017. 越南水稻生产概况及中越水稻生产互补性分析［J］. 杂交水稻，32（6）：64-74.

邵彦敏,2003.美日农业技术进步的经验与我国农业技术进步模式的选择[J].东北亚论坛(3):33-36.

史常亮,郭焱,朱俊峰,2016.中国粮食生产中化肥过量施用评级及影响因素研究[J].农业现代化研究,37(4):671-679.

宿桂红,傅新红,2011.中国粮食主产区水稻生产技术效率分析[J].中国农学通报,27(2):439-445.

隋国民,2003.辽宁省水稻育种及产业化发展策略探讨[J].辽宁农业科学(4):20-22.

孙仕明,韩宏宇,姜明海,2004.我国水稻生产机械化现状及发展趋势[J].农机化研究(5):21-22.

孙玉竹,孙永珍,吴敬学,等,2019.农业技术进步模式对粮食生产能力影响分析:基于三大主粮1999—2016年省级面板数据分析[J].中国农业科技导报,21(6):1-9.

唐茂华,黄少安,2011.农业比较收益低吗？基于不同成本收益核算框架的比较分析及政策含义[J].中南财经政法大学学报(4):53-59,143.

田新建,2005.中国粮食生产成本研究[D].北京:中国农业大学.

万劲松,2004.生产成本对21世纪初期粮食生产影响的分析[J].宏观经济研究(9):24-28.

万忠,康艺伟,方伟,2012.2011年广东水稻产业发展形势及建议[J].广东农业科学,39(7):23-27.

王伯伦,2002.我国北方水稻的发展战略与措施[J].垦殖与稻作(1):3-5.

王琛,吴敬学,钟鑫,2014.中国农业技术类型对粮食综合生产能力影响的实证分析 [J]. 农业现代化研究, 35 (5): 513-518.

王济民, 肖红波, 2013. 我国粮食八连增产的性质与前景 [J]. 农业经济问题 (2): 22-30.

王建英, 陈志钢, 张成龙, 2018. 转型时期稻米价值链成本竞争力的国际比较: 来自中国、印度、越南、孟加拉国、老挝五国的证据 [J]. 农业经济问题 (10): 102-120.

王明利, 2003. 我国粳稻生产成本收益分析 [J]. 农业技术经济 (2): 36-42.

王明利, 2004. 我国粳稻经济研究 [J]. 农业经济问题 (4): 35-39.

王明利, 李志军, 2005. 我国粳稻生产: 区域布局变化及粮食安全政策含义 [J]. 农业经济问题 (6): 66-70.

王明利, 吕新业, 2006. 我国水稻生产率增长、技术进步与效率变化 [J]. 农业技术经济 (6): 24-29.

王沛, 朱琳, 王志丹, 等, 2020. 我国玉米生产节本增效问题研究 [M]. 北京: 中国农业科学技术出版社.

王琦琪, 陈印军, 2018. 中国黑龙江、吉林两省与美国玉米生产成本比较分析 [J]. 世界农业 (2): 135-141.

王秋菊, 来永才, 2010. 试论黑龙江省水稻生产与水资源持续利用的对策与建议 [J]. 中国稻米, 16 (4): 25-28.

王善高, 田旭, 2017. 中国粮食生产成本上升原因探究: 基于稻谷、小麦、玉米的实证分析 [J]. 农业现代化研究, 38 (4): 571-580.

王双进, 2013. 改革开放以来我国粮食生产成本变动态势分析

[J]. 商业经济研究（16）：12-13.

王薇薇，王雅鹏，2008. 主产区种粮成本分析与粮食安全长效机制的建立：基于湖北省荆州市2006年农户调查数据[J]. 农村经济（10）：35-38.

王文昌，梁剑峰，赵保红，2001. 我国西部地区农业技术进步模式的选择与创新[J]. 农业现代化研究，22（3）：129-133.

王晓辉，2019. 预期与应对：2018年粮食市场关键词[J]. 中国粮食经济（1）：55-58.

王艺颖，刘春力，2016. 陕西省主要粮食作物生产成本收益研究：以小麦、玉米为例[J]. 中国农业资源与区划，37（6）：143-148.

王志丹，宋美喆，徐广涛，等，2020. 我国大豆生产节本增效潜力与途径研究[M]. 沈阳：辽宁科学技术出版社.

王志刚，申红芳，王磊，2010. 我国水稻生产的特点与影响因素调查分析[J]. 中国稻米，16（1）：26-29.

王子军，吴敬学，2006. 中国小麦生产的技术进步模式研究[J]. 农业技术经济（5）：68-72.

魏丹，闵锐，王雅鹏，2010. 粮食生产率增长、技术进步、技术效率：基于中国分省数据的经验分析[J]. 中国科技论坛（8）：140-145.

魏丹，王雅鹏，2010. 技术进步对三种主要粮食作物增长的贡献率研究[J]. 农业技术经济（12）：94-99.

闻杰，王聪翔，张燕之，等，2004. 北方水稻旱作经济效益分析[J]. 辽宁农业科学（2）：16-17.

翁贞林，朱红根，张月水，等，2010. 种稻大户稻作经营绩效及其影响因素实证分析：基于江西省 8 县（区）619 户种稻大户的调研 [J]. 农业技术经济（2）：76-83.

吴国庆，2000. 选择适合中国特色的现代农业技术进步的模式及方向 [J]. 科技进步与对策，17（3）：18-20.

吴敬学，1997. 农业技术进步模式问题研究 [J]. 世界农业（3）：12-13.

吴敬学，2007. 技术进步与农业经济增长 [M]. 北京：中国农业科学技术出版社.

吴丽丽，李谷成，周晓时，2015. 要素禀赋变化与中国农业增长路径选择 [J]. 中国人口资源与环境，25（8）：144-152.

吴永兴，茅国芳，田小平，2005. 沪郊水稻生产经营绩效评估与对策 [J]. 上海农业学报，21（4）：86-90.

肖红，2004. 辽宁水稻生产现状及发展思路 [J]. 辽宁农业科学（5）：25-27.

肖红波，王济民，2012. 新世纪以来我国粮食综合技术效率和全要素生产率分析 [J]. 农业技术经济（1）：36-46.

邢慧茹，张晓骏，邓义，2016. 农业生产效率与其影响因素相关关系实证分析：基于湖北省数据 [J]. 中国农业资源与区划，37（12）：198-203.

徐春春，纪龙，陈中督，2018. 2017 年我国水稻产业形势分析及 2018 年展望 [J]. 中国稻米，24（2）：1-3.

徐春春，李凤博，周锡跃，等，2012. 近期我国大米进口量大幅增加及其影响分析 [J]. 中国稻米，18（5）：1-3.

徐春春，陆建飞，2019. 长江中下游水稻生产波动特征及成因分析 [J]. 中国农业资源与区划，40（12）：108-114.

徐春春，孙丽娟，周锡跃，2013. 我国南方水稻生产变化和特点及稳定发展的政策建议［J］. 农业现代化研究，34（2）：129-132.

徐德利，陆建飞，2010. 水稻可持续发展综述［J］. 作物杂志（3）：1-4.

徐丽君，杨敏丽，2012. 基于 Malmquist 指数法的水稻生产效率实证分析［J］. 农业机械学报，43（10）：169-174.

徐萌，展进涛，2010. 中国水稻生产区域布局变迁分析：基于局部调整模型的研究［J］. 江西农业学报，22（2）：204-206.

徐志刚，李美佳，罗玉峰，等，2017. 粮食规模生产经营的经济效应与经营风险研究：基于对玉米生产规模户和普通户的比较［J］. 玉米科学，25（5）：145-151.

徐志刚，钟甫宁，傅龙波，2001. 中国农产品的国内资源成本及比较优势［J］. 农业技术经济（5）：1-6.

许存兴，魏建中，张芙蓉，2006. 基于多元回归的三种粮食生产成本分析［J］. 山东农业大学学报（自然科学版），47（5）：779-784.

许庆，尹荣梁，章辉，2011. 规模经济、规模报酬与农业适度规模经营：基于我国粮食生产的实证研究［J］. 经济研究，46（3）：59-71.

薛思蒙，刘瀛弢，毛世平，2017. 中日水稻产业生产效率比较研究［J］. 农业经济问题（11）：67-75.

闫丽珍，成升魁，刘爱民，等，2003. 中国玉米生产成本收益的区域分布规律研究［J］. 农业技术经济（6）：27-34.

闫琰，宋莉莉，王秀东，2016. 我国粮食"十一连增"主要因素贡献分析及政策思考［J］. 中国农业科技导报，18（6）：1-8.

严文贵，2009. 浅析美国农业产业的成功经验［J］. 全球科技经济瞭望，24（6）：12-15.

杨红旗，郝仰坤，2011. 中国水稻生产制约因素及发展对策［J］. 中国农学通报，27（8）：351-354.

杨万江，2008. 国内外大米价格变化与粮食安全［J］. 浙江经济（13）：18-19.

杨万江，2013. 稻米产业经济发展研究 2013［M］. 北京：科学出版社.

杨万江，陈文佳，2011. 中国水稻生产空间布局变迁及影响因素分析［J］. 经济地理，31（12）：2086-2093.

杨万江，李琪，2016. 我国农户水稻生产技术效率分析：基于 11 省 761 户调查数据［J］. 农业技术经济（1）：71-81.

杨巍，吴敬学，张扬，2009. 早稻生产技术进步模式的实证分析［J］. 科技进步与对策，26（20）：66-69.

杨志武，钟甫宁，2000. 农户种植业决策中的外部性研究［J］. 农业技术经济（1）：27-33.

姚惠源，2004. 世界稻米加工业发展趋势与我国未来十年的发展战略［J］. 中国稻米，10（1）：9-11.

叶乐安，吴永兴，茅国芳，2006. 上海郊区水稻生产的投入产出分析［J］. 安徽农业科学，34（19）：5088-5090.

叶乐安，吴永兴，茅国芳，2007. 沪郊水稻生产的数量经济分析［J］. 华东师范大学学报（自然科学版），2（3）：30-35.

叶新福，蒋家焕，卢礼斌，2000. 优质米产业化的精品战略［J］. 福建农业学报（S1）：216-219.

叶延琼，章家恩，秦钟，2013. 广东省水稻产业发展规划探讨[J]. 江苏农业科学，41（3）：1-5.

游艾青，陈亿毅，2008. 湖北省水稻生产发展战略思考[J]. 湖北农业科学，47（11）：1361-1364.

于保平，2001. 我国水稻生产的成本收益及前景展望[J]. 中国稻米，7（3）：9-11.

于红燕，刘世义，2016. 我国水稻产业发展现状、趋势及对策[J]. 农村经济与科技，27（9）：7-9.

于清涛，肖佳雷，龙江雨，2011. 黑龙江省水稻生产现状及其发展趋势[J]. 中国种业（7）：12-14.

虞国平，朱鸿英，2009. 我国水稻生产现状及发展对策研究[J]. 现代农业科技（6）：122-126.

曾福生，戴鹏，2011. 粮食生产收益影响因素贡献率测度与分析[J]. 中国农村经济（1）：66-76.

翟虎渠，2011. 中国粮食安全国家战略安全[M]. 北京：中国农业科学技术出版社.

张凤鸣，孙世臣，2007. 黑龙江省的水稻生产与发展[J]. 黑龙江农业科学（2）：13-15.

张凤桐，卢贵敏，2008. 农业科技的跨越式发展：以科技促进稻麦产业跨越式发展[M]. 北京：中国农业出版社.

张广胜，吕新业，2010. 技术创新与现代农业发展[M]. 北京：中国农业出版社.

张建杰，2007. 惠农政策背景下粮食主产区农户粮作经营行为研究：基于河南省调查数据的分析[J]. 农业经济问题（10）：58-65.

张利国, 2013. 新中国成立以来我国粮食主产区粮食生产演变探析 [J]. 农业经济问题 (1): 20-26.

张琳, 吴华聪, 2001. 中国水稻种植机械化的现状与发展思路 [J]. 福建农机 (增刊): 115-118.

张瑞娟, 李国祥, 2016. 全球化视角下中国粮食贸易格局与国家粮食安全 [J]. 国际贸易 (12): 10-15.

张万兰, 卢敏, 2018. 中美有机水稻创新系统的比较研究 [J]. 世界农业 (12): 178-182.

张晓恒, 周应恒, 2019. 农户经营规模与效率水平不匹配对水稻生产成本的影响 [J]. 中国农村经济 (2): 81-97.

张亚伟, 朱增勇, 2013. 中国与美国玉米成本收益比较分析 [J]. 中国食物与营养, 19 (8): 39-42.

张永强, 蒲晨曦, 王珧, 等, 2018. 化肥投入效率测度及归因: 来自20个玉米生产省份的面板数据 [J]. 资源科学, 40 (7): 1333-1343.

张永强, 王荣, 蒲晨曦, 等, 2019. 中国粳稻生产效率演变及区域差异 [J]. 中国农业资源与区划, 40 (5): 47-53.

张越杰, 霍灵光, 王军, 2007. 中国东北地区水稻生产效率的实证分析: 以吉林省水稻生产为例 [J]. 中国农村经济 (5): 24-32.

章蓉蓉, 徐春春, 2015. 浙江省水稻生产效益比较研究 [J]. 中国稻米, 21 (6): 37-40.

章秀福, 王丹英, 方福平, 2005. 中国粮食安全与水稻生产 [J]. 农业现代化研究, 26 (2): 85-88.

章忠贵, 高前宝, 范凌, 等, 2017. 越南杂交水稻市场现状及发

展对策探讨 [J]. 现代农业科技 (22): 42-44.

赵建, 2012. 基于 DEA 模型的哈尔滨市水稻生产效率分析 [J]. 东北农业大学学报 (社会科学版), 10 (4): 23-25.

赵玉, 邱彩红, 张玉, 等, 2006. 中美稻谷业投入产出现状比较分析 [J]. 中国稻米, 12 (2): 11-14.

赵志福, 包国芳, 任万军, 2010. 城郊型水稻生产的限制因素及发展途径 [J]. 四川农业科技 (2): 6-7.

郑少锋, 邵建成, 2003. 主要粮食作物生产成本影响因素分析 [J]. 中国农学通报, 19 (3): 115-119.

郑有贵, 2007. 劳动力机会成本提高对粮食生产的影响分析 [J]. 农业展望 (10): 3-5.

周宏, 褚保金, 2003. 中国水稻生产效率的变动分析 [J]. 中国农村经济 (12): 42-46.

周慧秋, 李友华, 2005. 发展黑龙江省水稻生产的对策研究 [J]. 理论探讨 (1): 72-73.

周琼, 王佳佳, 曾玉荣, 2019. 台湾水稻生产效率的实证分析 [J]. 福建农业学报, 34 (9): 1009-1018.

周炜, 2017. 多元经营背景下家庭农场水稻生产效率: 基于全国农村固定观察点的实证研究 [J]. 南京农业大学学报 (社会科学版), 17 (5): 132-137.

周锡跃, 徐春春, 李凤博, 等, 2010. 世界水稻产业发展现状、趋势及对我国的启示 [J]. 农业现代化研究, 31 (5): 525-528.

周应恒, 张晓恒, 耿献辉, 2015. 我国种植业经营主体发展趋势 [J]. 华南农业大学学报 (社会科学版), 14 (4): 1-8.

周洲, 石奇, 2018. 我国粮食生产收益影响因素实证分析: 基于稻谷、小麦和玉米数据的分阶段回归［J］.山西农业大学学报（社会科学版），17（7）：62-71.

朱德峰，陈惠哲，徐一成，2013.我国双季稻生产机械化制约因子与发展对策［J］.中国稻米，19（4）：1-4.

朱险峰，巫成方，2016.中美粮食种植成本比较及中国粮食政策取向［J］.农业展望（10）：35-39.

朱晓玲，文刚，2004.西北地区农业技术进步路线模式的选择与创新［J］.农村经济（9）：43-45.

佐佐木泰弘，河野元信，2012.日本水稻机械化的现状及展望［J］.北方水稻，42（6）：1-6.

Fan S, 2000. Technological change, technical and allocative efficiency in Chinese agriculture: the case of rice production in Jiangsu ［J］. Journal of International Development, 12(1): 1-12.

Greene W H, 1980. On the estimation of a flexible frontier production model ［J］. Journal of Econometrics, 13(1): 101-115.

Huang J, Ding J, 2016. Institution innovation and policy support to facilitate small-scale farming transformation in China ［J］. Agricultural Economics, 47(s1): 227-237.

Innes R, 1993. Two-season subsistence farming, urban food subsidies and optimal agricultural policy ［J］. Oxford Economic Papers, 45(4): 668-690.

Kimura S, Otsuka K, Rozelle S, 2011. Efficiency of land allocation through tenancy markets: evidence from China ［J］. Economic Development and Cultural Change, 59(3): 485-510.

Kumbhakar S C, Wang H, 2006. Estimation of technical and

allocative inefficiency: a primal system approach [J]. Journal of Econometrics, 134(2): 419-440.

Lin Y F, 1992. Rural reforms and agricultural growth in China [J]. The American Economic Review, 82(1): 34-51.

Lund P J, Hill P G, 1979. Farm size, efficiency and economies of size [J]. Journal of Agricultural Economics, 30(2): 145-157.

Maietta O W, 2000. The decomposition of cost inefficiency into technical and allocative components with panel data of Italian dairy farms [J]. European Review of Agricultural Economics, 27(4): 473-495.

Mosheim R, Lovell C A K, 2009. Scale economies and inefficiency of U. S. dairy farms [J]. American Journal of Agricultural Economics, 91(3): 777-794.

Rozelle S, Swinnen J F M, 2004. Success and failure of reform: insights from the transition of agriculture [J]. Journal of Economic Literature, 42(2): 404-456.

Sumner A D, 2014. American farms keep growing: size, productivity, and policy [J]. Journal of Economic Perspectives, 28(1): 147-166.

Wu Y, 2011. Chemical fertilizer use efficiency and its determinants in China's farming sector [J]. China Agricultural Economic Review, 3(2): 117-130.

附录

部分省区推动水稻生产发展的相关文件

湖北省水稻产业提升计划（2016—2020年）

水稻是我省第一大粮食作物，常年种植面积和总产约占粮食作物的50%和70%。随着经济发展进入新常态，全省水稻产业面临着一些新情况、新问题，制约了水稻产业提质增效。为推进水稻产业健康发展，特制定全省水稻产业提升计划（2016—2020年）。

一、总体要求

（一）指导思想

全面贯彻国家粮食战略新安全观，充分发挥资源优势，以创新、协调、绿色、开放、共享的发展理念为统领，以稳粮、提质、增效为首要目标，以转方式调结构为主线，优化区域布局和品种结构，强化政策支持和科技支撑，合力推进基地建设和高标准农田建设，着力培育市场主体和产业集群，加快构建现代水稻产业体系，切实提高水稻综合生产和竞争能力，促进水稻产业可持续发展，确保口粮绝对安全、农产品质量安全、生态安全和农民持续增收。

(二) 基本原则

一是坚持总量、质量、效益与品牌并举的原则。着力建设水稻生产功能区，提高综合生产能力。根据差异化市场需求，优化品种品质结构，提升生产、经营、加工、流通水平，把水稻的产量、品质、区位等优势聚合为品牌优势，不断提高水稻产业效益。二是坚持科技创新的原则。突出问题导向，依靠科技进步，大力推进科技创新和体制机制创新，着力解决产业发展中的技术瓶颈和机制制约。加强应用性科技创新，不断提高水稻产业链的科技含量和产品档次，促进产业创新发展。三是坚持融合发展的原则。突出重点区域、重点产品、重点企业，延伸产业链条，开发潜在市场。着眼于产前、产中、产后全产业链，加强顶层设计，提升产业化经营和社会化服务水平，提高市场竞争力，促进关联产业融合发展。四是坚持可持续的原则。以资源承载力和环境容量为基础，因地制宜，分区施策，采用先进生产技术模式，合理开发利用农业资源，努力实现数量与质量、生产与生态和谐统一，促进资源永续利用和产业绿色发展。

(三) 主要目标

到 2020 年，全省水稻综合生产能力进一步提升，种植面积和产量稳定；优质品种应用率保持在较高水平，亩平均节本增效 150 元以上；培育 5 个全国知名品牌和 5 个湖北优势特色稻米品牌，稻米及其精深加工产品的水平和档次明显提高，水稻产业的经济、社会和生态效益全面提升，促进粮食产业的转型升级。

二、重点工作

(四) 优化生产区域布局，提升规模经营水平

统筹考虑不同区域不同类型的资源禀赋和生态特点，因地制宜，

打造区域性优势产业带，实现规模化生产。按照种植面积"调山区、稳丘陵、增平原"的原则，建设江汉平原单双季优质稻优势产业板块，鄂中丘陵与鄂北岗地优质中稻优势产业板块，鄂东、鄂东南双季优质稻优势产业板块。打造以黄冈市等传统优势产区为中心的粳稻板块；打造以孝感市为中心的香稻优势板块；因地制宜打造"稻渔共生"、水稻"一种两收"高产高效优势板块。为种植大户、家庭农场、专业合作组织等新型生产主体提供生产、加工、销售等全产业链的服务，增强生产主体发展能力，推进适度规模化经营，提高生产的组织化程度和集约化水平。

（五）建设高标准农田，提升综合生产能力

切实贯彻《省人民政府办公厅关于整合相关项目资金推进高标准农田建设的指导意见》（鄂政办发〔2016〕5号）精神。加强农田基础设施建设，改良土壤，培肥地力，加快中低产农田改造和标准化农田建设。实行耕地质量保护与提升行动，加强耕地质量评价与监测，完善农田防护与生态环境保护体系，稳步提高耕地基础地力和土地持续产出能力，实现"藏粮于地"。

（六）选育推广优质品种，提升良种覆盖率

实施种业创新工程，加大优质品种的选育力度，全面推进良种科技联合攻关，强化企业育种创新主体地位，大力推进育繁推一体化。加快培育一批丰产稳产、品质优良、抗逆性好、附加值高、适宜机械作业及肥水高效利用的新品种。完善优质品种审定制度，加快优质品种的审定，引导育种主体加强对优质专用、再生稻等品种的选育。加大优质品种的推广力度，实行每个县（市、区）优选2~3个主导品种，推进一乡（镇）一品、一区（高产创建示范区、现代农业示范区）一品，提高良种覆盖率。

（七）集成绿色高效模式，提升科技支撑能力

重点推广水稻集中育秧、机械插秧等高效种植技术，大力推广病虫统防统治、测土配方施肥等绿色生产技术，加快推广秸秆粉碎还田、机械深松耕整等标准化作业技术，配套推广防高温热害、洪涝灾害、寒露风等避灾减灾技术。抓好周年作物配套和粮饲统筹，形成具有区域特色的早-晚双季稻、稻-麦、油-稻-再生稻等种植模式，水稻集中育秧全程机械化生产技术模式，稻渔共生、稻牧共作等稻田高效种养模式。针对不同区域生产条件和不同品种特性，实行一个品种对应一套生产技术，一个模式对应一套技术规程，提高标准化生产水平。通过优化技术模式，推进种地养地结合、种植养殖结合、农机农艺融合，全面提升水稻生产的科技支撑能力，实现"藏粮于技"。

（八）完善生产组织方式，提升社会化服务水平

进一步完善"以钱养事"机制，在巩固提升公益性农技服务的同时，大力发展经营性社会化服务组织，支持农民专业合作社、专业化服务公司、涉农企业、农业院校和科研院所为生产主体提供低成本、便利化、全程式服务，形成以公益性服务组织为引领的"一主多元"的社会化服务体系。在土地确权中，积极推广按户连片模式。探索"土地入股""土地托管""代耕代种"等新型生产合作方式。大力推广以水稻工厂化育秧技术为基础，集水稻育秧、机耕机插、机防机收、烘干仓储、加工销售及农资、信息服务于一体的技物结合的生产服务模式，减少要素投入，促进产业节本增效，提高劳动生产效率。

（九）加大品牌培育力度，提升产品市场竞争力

以供给侧改革为着力点，以优质、绿色、生态、安全的理念开发多元化的稻米产品及加工制品，满足不同消费群体的需求。积极培植新的消费潮流，以消费引导产业发展。支持稻米加工企业开展技术升

级和工艺创新，以"福娃""国宝"等品牌为基础，打造一批全国知名大米品牌。突出区域特色，创建一批有机稻米、再生稻米、富硒米及地理标志产品品牌。鼓励龙头企业开展稻米多元化深加工，生产一批品牌化、多样化、便利化的稻米食品。加大副产品的综合利用和深度开发，延长产业链条，研发一批高附加值产品，如利用米糠生产米糠油、米糠多糖等，利用谷壳生产炭黑、塑木型材等。加大湖北大米品牌的宣传推介力度，鼓励企业积极引入"互联网+"模式，促进线上线下融合发展，提升品牌营销能力和产品市场竞争力。

（十）加强生态环境保护，提升可持续发展能力

用绿色发展的新理念引领生产，按照"一控两减三基本"的要求，加强农业面源污染防治，切实减少对耕地和水资源的污染。推广冬闲田种植绿肥、秸秆粉碎还田技术，农作物秸秆、畜禽粪便、地膜等农业废弃物资源化利用技术。通过节水、节肥、节药、节地等技术的普及应用，提高农业投入品利用效率，实现资源变废为宝、循环利用。做到资源节约、环境友好和生产安全、质量安全，构建生产、生活、生态"三生共赢"的产业发展新格局。

三、保障措施

（十一）强化组织领导

"三农"工作的重中之重是粮食生产，我省粮食的重中之重是水稻。各级政府要切实提高认识，强化工作落实。省农业厅要强化对水稻产业发展的组织和指导，支持水稻产业相关单位组建优质稻产业联盟。省发展改革委、省财政厅要强化对涉及水稻产业发展重大工程和重大项目的扶持。金融部门要积极落实金融支持政策。各相关部门要结合本单位职责，制定相关配套措施。

（十二）强化政策支持

贯彻落实中央各项强农惠农政策，严格执行国家政策性粮食收购政策；产粮大县奖励资金重点支持集中育秧、机械栽插和烘干收储等环节；不断加大财政支农力度，有效统筹各类农业建设项目资金。完善农业补贴制度，将种粮农民直接补贴、良种补贴、农资综合补贴三项补贴合并为农业支持保护补贴，补贴资金向水稻新型生产主体倾斜。逐步健全农村金融服务体系，建立健全农业信贷担保体系，提供信贷担保服务。推进贷款贴息创新，精准支持新型经营主体发展粮食生产，促进新型主体创业兴业；推进农业保险创新发展，提升农业保险管理和服务水平，切实发挥保险对农业生产的支持作用。

（十三）强化科技支撑

建立健全水稻科技创新体系，提高水稻产业创新能力，建设一批水稻产业科技创新平台，攻克一批水稻生产、加工、储存等关键性技术，研制一批物化新产品。利用现代信息技术，建设水稻生育进程和"四情"（苗情、墒情、病虫情、灾情）动态全程监测系统，提高信息化能力。逐步构建以农业科技示范园为引领、农技推广机构为主体、科研单位和大专院校广泛参与的农业科技成果推广体系，加快农业技术成果的集成创新和推广普及。探索农业科技成果进村入户的有效机制和办法，完善农民科技培训体系，突出培养职业粮农、青年农场主和农业职业经理人，提高水稻产业的科技水平。

湖北省政府办公厅
2016 年 4 月 27 日

江西省农业技术推广中心关于印发《优质稻米产业重大技术协同推广计划试点工作 2021 年实施方案》的通知

各项目协同单位、实施县（市、区）有关部门：

为扎实有效推进优质稻米产业重大技术协同推广工作，促进优质稻米产业绿色高质量发展，构建农科教、企社户协同推广机制，特制定《优质稻米产业重大技术协同推广计划试点工作 2021 年实施方案》，现印发给你们，请结合实际，认真抓好落实，确保协同实效。

2021 年 7 月 30 日

优质稻米产业重大技术协同推广计划试点工作 2021 年实施方案

根据《江西省农业农村厅办公室关于开展 2021 年农业重大技术协同推广计划试点工作的通知》（赣农办字〔2021〕19 号）要求，为做好 2021 年优质稻米产业重大技术协同推广工作，加快重大技术进村入户到田，推进优质稻米产业绿色高效发展，特制定本方案。

一、工作思路

深入贯彻落实党的十九大精神，以习近平新时代中国特色社会主义思想为指导，深入推进农业供给侧结构性改革，按照"稳粮、优供、增效"的总体要求，以优质稻米产业重大技术推广为载体，深化"专家+农技人员+示范基地+示范主体+辐射带动户"的链式推广服务模式机制建设，加快实现稻米产业重大技术集成熟化、示范展示、推广应用的无缝对接，推动区域优质稻米产业提质增效、转型升级。

二、工作目标

结合优质稻米产业需求，依托首席推广单位、协同单位、实施县联动，重点示范推广3项优质稻重大技术：优质稻"三控"抗倒绿色节本增效技术、全程机械化绿色高效种植技术及"两优一增"壮秆保优标准化栽培技术。建立优质稻重大技术核心示范区1万亩以上，辐射带动全省优质稻绿色高质高效技术应用60万亩以上，培训农技人员及农户900人次以上，培育新型农业经营主体50个以上。每个实施县建设1个区域性优质稻米产业协同推广工作站。

三、实施内容

（一）集成推广优质稻绿色高质高效技术

以种粮大户、家庭农场、农民合作社、农业龙头企业等为实施主体，协同农科教、企社户等力量，在上饶市、萍乡市、南昌市、九江市、宜春市、鹰潭市、进贤县、浮梁县、湘东区、芦溪县、瑞昌市、宁都县、吉水县、上高县、宜丰县、崇仁县、玉山县、余干县18个市、县（市、区）推广优质稻全程机械化绿色高效种植技术、"两优一增"壮秆保优标准化栽培技术和优质稻"三控"抗倒绿色节本增效技术3项。每市要围绕任务清单，通过建立重大技术示范基地、召开培训观摩会、发放技术手册等方式示范推广优质稻绿色高质高效技术模式；每县（市、区）至少应用2项以上重大技术，并建立百亩示范基地2个以上，全省共建设百亩示范基地20个以上。每个示范基地内要单列1~2块1亩以上对照田，按照优质稻常规技术栽培管理，做好日常调查和成熟期测产测效工作，对比展示优质稻绿色高效集成技术应用效果。各协同单位、实施县（市、区）要按照集成熟化在县，示范展示在乡，技术指导进村的要求，扎实推进基地建设和技术应用，加快优质稻产业化发展。

（二）构建新型绿色高质高效技术推广平台

首席推广单位要围绕优质稻产业技术集聚一支专家队伍，按照需求导向集成组装优质稻米产业重大技术，在关键农时开展技术指导、培训和测产测效工作等，探索制作专家讲解视频，拓宽推广辐射范围；各协同单位要组建市一级农技推广队伍开展技术指导和培训，重点在辖区内非实施县建立示范点推广辐射新技术，同时督导实施县技术措施落实；各实施县开展"点单式"服务，构建"专家+农技人员+示范基地+辐射带动户"的链式推广服务机制和模式，按照优质稻产业发展目标要求，在产业聚集区域，整合县、乡农技人员、当地乡土人才和新型经营主体等力量，建设覆盖多个乡镇的区域性优势产业协同推广站，对接省、市农业技术团队开展好协同推广项目各项工作，实现省、市、县协同联动，即由经营主体"点单"、产业协同推广站"派单"、技术人员"接单"，加快先进技术落地转化，促进粮食增收、农民增效。

四、任务分工

按照各项目成员单位职能职责，确定其总体任务安排。同时，首席推广单位要督导项目任务完成，市级协同单位落实定向对接指导工作职责。各成员单位总体任务如下：

江西省农业技术推广中心：按照江西优质稻米产业发展需求，遴选本产业重点推广的重大技术，负责制定优质稻米产业实施方案，组织、协调、督促项目实施，报送工作总结、实施进展等材料，组织开展项目绩效考评；制定下发3项优质稻重大技术要点，关键农时协同项目参与单位，开展技术指导、培训和测产测效等。指导各地产业协同推广工作站建设。

上饶市农业农村局：落实首席推广单位工作要求，建立4个示范基地：在大坳水库饮用水源保护地铅山县英蒋乡示范测土配方施肥、病虫害绿色防控、秸秆全量还田综合利用等优质稻绿色高质高效技术，研究探索水源保护新技术、新模式，为大坳水库水源保护提供技术支持，示范面积200亩，辐射面积2 000亩；在玉山县四股桥乡，采用"早籼晚粳"种植模式，早稻品种为中早39、中组3号，晚粳为甬优8050、晚粳308，基地面积1 000亩；在鄱阳县，采用早机直播晚机插种植模式示范双季稻，早稻品种为湘早籼45号，晚稻品种为桃优香占，基地面积1 500亩，示范推广3项重大技术；在市水稻良种场，示范推广双季稻绿色高质高效种植模式，早稻品种为早丰优华占、兵两优309，晚稻品种为天优华占，基地面积600亩。加强辖区内项目实施县督导，抓细抓实各项措施落实，确保项目取得实效。辐射带动全市优质稻绿色高质高效技术应用1万亩以上，组织观摩培训100人次，培育新型农业经营主体5个以上，组织开展测产验收等，协助首席推广单位组织开展绩效考评。

萍乡市农业农村局：落实首席推广单位工作要求，结合优质稻米产业需求，重点示范推广2项优质稻重大技术：优质稻"三控"抗倒绿色节本增效技术和全程机械化绿色高效种植技术。建立2个核心示范基地，1个基地示范1项以上重大技术，示范面积1 000亩以上，辐射带动全市优质稻绿色高质高效技术应用3万亩以上，培训农技人员及农户150人次以上，培育新型农业经营主体4个以上；负责辖区内优质稻米产业重大技术协同推广项目的方案制定和组织实施，负责协调基地落实工作任务；负责制定优质稻"三控"抗倒绿色节本增效技术、全程机械化绿色高效种植技术和绿色植保防控等3项重大技术的工作和技术方案，指导实施县、基地制定试验示范基地全程技术解决方案，构建全产业链服务模式，开展技术攻关协作、优化、熟化和集成组装等，加强辖区内项目实施县（基地）督导，抓细抓实各项措施落实，确保项目取得实效，组织开展辖区测产验收等，协助首席推广单位组织开展绩效考评。

南昌市农业农村局：落实首席推广单位工作要求，负责南昌市优质稻米产业重大技术协同推广项目的方案制定和组织实施，负责协调辖区项目参与单位落实工作任务，组织辖区开展绩效考评、测产测效等工作。落实对农技人员、新型农业经营主体培训和培育，培训农技人员及农户300人次以上，培育新型农业经营主体15个以上；建立优质稻米重大技术核心示范区3 000亩以上，重点推广应用优质稻"三控"抗倒绿色节本增效、"两优一增"、全程机械化技术，辐射带动全市优质稻绿色高质高效技术应用30万亩以上；探索完善农业技术推广新模式、新机制，协助首席推广单位组织开展绩效考评。

九江市农业农村局：落实首席推广单位工作要求，建立3个示范基地，示范面积1 000亩，推广3项优质稻重大技术。在湖口县建立优质中粳新品种示范基地，示范面积1 000亩，展示"优质中粳+油菜"高质高效模式，核心示范区优质中粳亩产800千克以上。在都昌县建立"优质晚稻早种+再生稻"全程机械化栽培技术示范基地1个，面积500亩。展示优质稻新品种和晚稻早种栽培技术、再生稻全程机械化栽培技术等，核心示范区亩产目标为900千克（早稻600千克+再生300千克）以上。在都昌县建立"早籼晚粳"百亩试验示范基地1个，面积100亩。在永修县建立赣北稻油轮作优质稻全程机械化栽培示范基地1个，面积400亩，示范展示优质稻全程机械化栽培技术、优质稻"两优一增"壮秆保优栽培技术、优质稻"三控"栽培技术，晚稻早种栽培技术等，辐射带动本区域优质稻绿色高质高效技术应用10万亩以上。抓好技术培训指导，根据生产需要，组织开展2次以上培训观摩，培训人员100人次以上；对接、培育新型农业经营主体2个；加强辖区内项目实施县督导，抓细抓实各项措施落实，确保项目取得实效，组织开展辖区测产验收等，协助首席推广单位组织开展绩效考评。

宜春市农业农村局：落实首席推广单位工作要求，结合优质稻米产业需求，在全市范围内示范推广3项优质稻重大技术，在奉新县建立优质稻"三控"栽培技术示范基地1个，面积200亩；在袁州区建立全程机械化栽培技术示范基地1个，面积400亩；在丰城市建立"两优一增"、全程机械化栽培技术示范基地1个，面积3 700亩。通过示范展示、宣传引导等方式，辐射带动全市优质稻绿色高质高效技术应用10万亩以上，培训农技人员及农户50人次以上，培育新型农业经营主体4个以上。按照产业目标和项目安排开展工作方案、技术防范制定印发工作，组织开展辖区测产验收总结工作，协助首席推广单位组织开展绩效考评。

鹰潭市农业农村局：落实首席推广单位工作要求，结合优质稻产业发展需求制定重大技术示范转化工作、技术方案，建立1个示范基地，重点示范展示优质稻3项重大技术，辐射带动全市优质稻绿色高质高效技术模式应用面积1万亩以上，全年组织开展技术指导和培训1次，培训50人次以上，培育新型农业经营主体1个以上。组织开展辖区测产验收总结工作，协助首席推广单位组织开展绩效考评。

进贤县农业农村局：建立2个示范基地，示范面积各200亩：一是优质再生稻重大技术优化集成示范，即选用丰两优香1号优质品种，重点示范展示再生稻全程机械化种植技术；二是"优质稻+油菜"轮作技术模式优化集成示范，即选用果两优油晶优质品种，重点示范展示"两优一增"壮秆保优标准化栽培技术。辐射带动全县优质稻绿色高质高效技术应用面积0.5万亩以上，根据生产需要，组织开展2次培训观摩，培训农技人员及种植大户60人以上，培育新型经营主体2个以上。建设1个区域性优质稻米产业协同推广工作站。

浮梁县农业农村局：以种粮大户、农民合作社等为实施主体，建立核心示范面积500亩，辐射带动全县优质稻绿色高质高效技术应用3万亩以上。选用嘉中科优2号、野香优2号、野香优莉丝、甬优15等优质稻品种，依托"优质稻+油菜（绿肥）"全程机械化生产模式，示范推广优质稻"三控"抗倒绿色节本增效技术、全程机械化绿色高效种植技术及"两优一增"壮秆保优标准化栽培技术，油菜采用稻田（坂田）免耕全程机械化栽培技术，品种以丰油737、浙油50、赣油杂8号为主，绿肥以紫云英、肥田萝卜为主。培训农技人员及农户100人次以上，培育新型农业经营主体4个以上。建设1个区域性优质稻米产业协同推广工作站。

湘东区农业农村局：以萍乡盈穗生态农业有限公司、萍乡市东丰水稻种植专业合作社为实施主体，分别在排上镇荷塘村、东桥镇厚田村建立优质稻示范基地，面积分别为3 000亩、2 000亩，其中核心示范面积400亩，依托"优质稻+油菜"种植模式，示范展示优质稻+油菜全程机械化栽培技术和优质稻"三控"抗倒绿色栽培技术。优质稻以野香优莉丝，19香、隆两优1377等为主推品种，油菜品种以大地199为主。辐射带动优质稻绿色高质高效技术应用3万亩以上，培训农技人员、种粮大户30人次以上。建设1个区域性优质稻米产业协同推广工作站。

芦溪县农业农村局：建立2个优质稻重大技术示范基地，每个基地核心面积300亩，采用"一季优质稻+油菜"轮作模式，重点推广武功紫红米、晶两优534等优质水稻品种，油菜重点推广赣油杂8号，示范展示耕、种、收、烘全程机械化技术、"两优一增"壮秆保优栽培技术，辐射带动本县优质稻绿色高质高效技术应用种植5万亩以上，培育2个新型农业经营主体，培训种粮大户50人次以上。建设1个区域性优质稻米产业协同推广工作站。

瑞昌市农业农村局：建立2个示范基地，示范面积300亩，推广6项栽培技术。一是优质稻"两优一增"抗倒壮秆保优节本标准化栽培技术基地，面积200亩，亩产600千克左右，推广应用：优质稻全程机械化绿色高效种植技术、水稻"三控"抗倒绿色节本增效栽培技术、优质稻"两优一增"抗倒壮秆保优节本标准化栽培技术、稻油轮作绿色高质高效栽培技术。二是有机稻栽培技术基地1个，面积100亩，亩产300千克左右，推广应用：有机稻种植技术、稻肥轮作有机质提升技术；辐射带动全市优质稻绿色高质高效技术应用0.5万亩以上，根据生产需要，组织开展3次培训观摩，培训农技人员及种植大户60人次以上，培育新型农业经营主体2个以上；建设1个区域性优质稻米产业协同推广工作站。

宁都县农业农村局：重点在宁都县会同乡建立2个优质稻重大技术核心示范区，示范面积分别为150亩和200亩，采用"再生稻+鸭+肥""稻+稻+油"种植模式，示范展示再生稻机械化生产技术、"三控"抗倒绿色节本增效栽培技术等。辐射带动周边优质稻绿色高质高效技术应用面积3万亩以上。根据生产需要，全年组织开展培训1次，培训种粮大户、合作社及基层农技人员100人次以上，培育新型农业经营主体2个。建设1个区域性优质稻米产业协同推广工作站。

吉水县农业农村局：采用稻+稻+肥、稻油轮作种植模式，应用"优质晚稻品种作早稻连种（双季优质稻）"和"再生稻全程机械化生产"技术模式，双季优质稻选用井冈软粘、钰香优1号、野香优莉丝等品种，再生稻选用隆两优华占、悦两优美香新占等品种，建立核心示范基地2个，面积各300亩，示范展示优质稻全程机械化栽培技术、优质稻"两优一增"壮秆保优栽培技术、优质稻"三控"抗倒绿色节本增效技术等重大技术，辐射带动本县优质稻绿色高质高效技术应用3万亩以上。培训农技人员及农户60人以上，培育新型农业经营主体2个。建设1个区域性优质稻米产业协同推广工作站。

上高县农业农村局：建立2个核心示范基地，示范推广3项优质稻重大技术。一是泗溪镇曾家村核心示范基地，以上高县汇农种植业专业合作社为主体，示范面积200亩，应用"双季优质稻+绿肥"种植模式，示范推广优质稻全程机械化栽培技术、优质稻"两优一增"壮秆保优标准化栽培技术和"三控"抗倒绿色节本增效技术。二是锦江镇团结村核心示范基地，以上高县兴泰种植专业合作社为主体，示范面积300亩，应用"优质稻+油菜"种植模式，示范推广优质稻全程机械化绿色高效种植技术和"三控"抗倒绿色节本增技术。辐射带动优质稻绿色高质高效技术应用5万亩以上。全年培训农技人员及农户60人以上，培育新型农业经营主体2个。建设1个区域性优质稻米产业协同推广工作站。

宜丰县农业农村局：应用"早稻+优质晚稻+冬种红花（绿肥）"和"一季晚优质稻+再生稻+冬种红花（绿肥）"种植模式，配套绿色防控、肥水管理、硅肥及缓释肥施用、秸秆全量还田、化学调控等抗倒栽培核心技术，重点示范推广优质稻"三控"抗倒绿色节本增效技术、全程机械化绿色高效种植技术及"两优一增"壮秆保优标准化栽培技术等3项重大技术。建立核心示范基地2个，面积各100亩以上。选用昱香两优馥香占、晶优1068、泰优398、五乡优丝占、昌两优8号、美香占2号、嘉丰优2号、野香优系列、甬优系列等优质稻品种，辐射带动优质稻绿色高质高效技术应用3万亩以上。培训农技人员及农户50人以上，培育新型经营主体2个。建设1个区域性优质稻米产业协同推广工作站。

崇仁县农业农村局：建立核心示范基地2个，示范展示优质稻"三控"栽培技术、全程机械化栽培技术及"早籼晚粳"栽培技术，配套秸秆全量还田、肥水调控、病虫害防治等栽培技术。双季稻重大技术核心示范区面积300亩，早稻种植优质稻品种陵两优171，晚稻种植优质稻品种甬优1538；再生稻核心示范区种植面积200亩，种植优质稻品种甬优4949。核心示范区对比传统优质稻种植区实现减少氮肥总量10%左右，集成优化绿色抗病防倒等栽培技术，辐射带动优质稻绿色高质高效技术应用10万亩以上，培训农技人员及农户50人以上，培育新型农业经营主体2个。建设1个区域性优质稻米产业协同推广工作站。

玉山县农业农村局：全年示范展示3项重大技术，建立综合技术示范基地2个，示范面积300亩以上，落实技术要求，通过示范展示、宣传引导，辐射优质稻绿色高质高效技术应用6万亩以上；开展技术培训1次，培训农技人员、种粮大户等60人次，培育新型农业经营主体2个；总结优质稻集成技术标准或规程1~2套。项目完成后，及时汇报记录本和总结。建设1个区域性优质稻米产业协同推广工作站。

余干县农业农村局：全年示范展示3项重大技术（优质稻"三控"抗倒绿色节本增效技术、全程机械化绿色高效种植技术及"两优一增"壮秆保优标准化栽培技术),建立综合技术示范基地2个,采用早直播晚机插种植方式种植优质稻品种野香优莉丝,核心示范区面积2 000亩以上,辐射带动优质稻绿色高质高效技术应用5万亩以上。培训农技人员、种粮大户等50人次,培育新型农业经营主体2个。建设1个区域性优质稻米产业协同推广工作站。

五、时间进度安排及参与人员

(一)方案制定

2021年6月,根据省农业农村厅统一部署,制定印发全省实施方案,明确目标任务,落实任务分工、提出有关要求等。2021年7月,由首席推广单位江西省农业技术推广中心种植业技术推广应用处印发具体实施方案,明确优质稻产业重大技术项目实施目标任务、实施内容、时间进度安排等。

(二)组织实施

2021年6月,各市、县(市、区)按照方案要求,制定具体实施方案和技术方案,明确优质稻品种、种植模式、栽培措施等信息,落实示范基地选址、面积、品种、技术措施等要求,并报首席推广单位备案。

2021年6—11月,按照相应的任务分工,开展技术示范、对比试验、指导服务、观摩培训等工作,确保技术措施落实到位。首席推广单位适时联合组织现场观摩、技术培训、技术指导、工作督导、测产测效等工作。

(三)总结验收

2021年12月,各协同单位、实施县对照任务清单进行佐证材料收集整理,完成试点任务验收,并对全年试验示范进行认真总结、自评,及时报送总结报告及记录表，形成总结报告及相关试点成果等。首席推广单位将统一组织开展绩效考核，总结全年试点工作情况报省农业农村厅。

（四）项目专家组

文喜贤，江西省农业技术推广中心副主任，推广研究员，首席推广专家；

曾勇军，江西农业大学，教授；

曹开蔚，江西省农业技术推广中心种植业技术推广应用处，推广研究员；

孙明珠，江西省农业技术推广中心种植业技术推广应用处，高级农艺师；

罗细芽，江西省农业技术推广中心种植业技术推广应用处，高级农艺师；

何虎，江西省农业科学院水稻研究所，博士；

刘凯丽，江西省农业技术推广中心种植业技术推广应用处，农艺师；

毛盛河，上饶市粮油经作土肥局，推广研究员；

康峰，萍乡市农技站，高级农艺师；

金伟，南昌市农业技术推广中心，高级农艺师；

吴俊颖，鹰潭市农业技术推广中心，高级农艺师；

欧阳冬梅，宜春市农业农村局种植业科，高级农艺师；

谢国强，九江农业科学院，推广研究员。

六、保障措施

（一）强化组织领导

首席推广单位、协同单位、实施县（市、区）要高度重视优质稻米产业重大技术协同推广试点项目实施，要把试点项目平台作为农技推广体制机制创新的重要平台，加强组织协调，压实试点责任，细化试点任务。要对照任务清单，组建相应的工作机构和技术团队，制定落实好工作方案和技术方案，确保各项任务落实到位。

（二）强化技术支撑

要聚焦优质稻全产业链发展，着力补短板、强弱项，扎实推进土壤培肥、品种选用、机械种植、栽培田管、收储加工等全过程、全环节配套技术措施到位，夯实产业发展的技术支撑。要围绕优质稻绿色高效技术应用，组织科研单位开展联合协作攻关，加快破解制约产业质量效益难题。要加大技术培训指导力度，扎实开展专项技术、通用技术培训，创新观摩教学、田间教学等培训方式，让新型经营主体切实掌握技术要领，促进成果加快转化应用。

（三）强化资金监管

各单位、各项目县（市、区）要严格落实约束性任务要求，按照《江西省中央农业生产发展资金管理办法实施细则》的资金使用要求和农业重大技术协同推广计划试点项目资金使用安排，加强资金监管，规范资金使用，建立健全资金使用台账，做到统一管理、专款专用、单独核算，并做到定期核查，确保资金使用安全。测产测效专家咨询费由实施县、协同单位从项目经费里合理列支和开支，全省优质稻现场观摩会费用由协同单位上饶市粮油经作土肥局从项目经费里合理列支和开支。

（四）强化宣传总结

首席推广单位、协同单位、实施县（市、区）要加大宣传引导力度，及时将工作中涌现的好经验好典型好模式总结上报。示范点要统一树立示范牌，采取组织现场观摩、编印工作简报、组织媒体宣传等多种方式，广泛开展宣传和推介，各参与单位年度开展优质稻米产业相关技术、工作宣传不少于1次，大力营造优质稻重大技术协同推广的良好氛围。要强化工作总结，及时报送工作进展、工作成效等，积极配合六个产业重大技术协同推广机制研究课题组做好调研及总结工作。要加强技术措施总结凝练，不断简化优化集成技术，促进优质稻米产业重大技术在更大范围复制推广。

联系人（略）
附件1：3项优质稻产业重大技术要点（略）
附件2：示范牌样式（略）

广西壮族自治区人民政府办公厅关于加快推进我区水稻生产全程机械化的意见

为加快转变我区水稻生产方式，发挥农业机械化在提升水稻综合生产能力、保障粮食安全的作用，促进我区粮食产业持续稳定发展和农民增收，经自治区人民政府同意，现提出以下意见。

一、目的意义

水稻是我区第一大粮食作物，常年播种面积在3 100万亩左右、总产量约1 200万吨，在全国30个水稻生产省区中分别排列第7位和第8位。但是我区水稻生产面临着机械化水平偏低的突出问题。从作业水平上看，2014年我区水稻耕种收综合机械化水平只有67.32%，低于全国平均水平6.51个百分点。从生产环节上看，2014年我区水稻耕整地、收获机械化水平分别为95.05%、77.24%，只接近全国平均水平，而机械化插秧水平仅为20.44%，低于全国平均水平17.56个百分点。此外，我区水稻机械化烘干工作才刚刚起步。因此，水稻生产机械化水平不高已成为制约我区水稻稳产增产进而影响全区粮食安全的重要因素，亟须进一步转变我区水稻生产方式，加快推进水稻生产全程机械化，提高我区水稻综合生产能力和竞争力。

二、总体要求

（一）指导思想

贯彻落实《国务院办公厅关于加快转变农业发展方式的意见》（国办发〔2015〕59号）以及《农业部关于开展主要农作物生产全程机械化推进行动的意见》（农机发〔2015〕1号）精神，以提高劳动生产率、土地产出率和资源利用率为目标，以水稻主产县（指粮源基地县，下同）为重点，以水稻机械化育插秧为着力点，优化农机装备结构，加快技术转化升级，促进农机农艺融合，加快推进水稻生产全程机械化，提升水稻生产综合机械化水平，增强水稻生产综合能力，确保我区粮食安全。

（二）基本原则

坚持行政推动，加强政府扶持和政策引导，提高公共服务和保障能力。坚持改革创新，优化装备结构，提升作业水平。坚持农机农艺融合，建立良种良法相配套、农机农艺相融合的工作机制和技术路线。坚持示范带动，加快先进适用农机化技术应用。坚持重点突破，全力攻克水稻育插秧、烘干、病虫防治等薄弱环节，着眼生产全程，加快推进水稻生产全程机械化。

（三）主要目标

到2020年，全区水稻生产的耕、种、管、收、烘干等机械化作业完成升级换代，形成水稻稳产高产机械化生产模式，水稻耕种收综合机械化水平达到80%以上，其中水稻耕整田机械化水平95%以上、水稻栽植环节机械化水平达到50%以上、水稻收获机械化水平达到85%以上、水稻植保机械化取得明显进展。

三、重点任务

（一）提高水稻育秧、插秧、烘干、病虫防治等薄弱环节机械化水平

主攻水稻标准化育秧和机插秧，重点推广应用水稻播种成套设备、规模化育秧模式，推进标准化育秧工厂、育秧中心建设，实现手工育秧向机械化育秧、一家一户育秧向商品化集中供秧转变。大力推广水稻机械化插秧技术，扩大机械化插秧应用面积。扶持建设稻谷烘干中心，推广应用烘干成套设备和技术，提高稻谷干燥处理能力和机械化水平。加大水稻生产新型经营主体和社会化服务组织建设力度，积极推进水稻订单机耕、订单育秧、订单机插、订单机收、订单烘干、专业化统防统治和跨区作业等社会化服务模式，探索水稻生产规模化、专业化、标准化、市场化、全程机械化发展道路。

（二）加强水稻生产机械装备建设

按照技术先进、科学适用、安全可靠、节能环保的原则，稳定增加水稻生产现代农机装备总量。50个水稻主产县重点发展大功率、高性能、复式作业、航空作业等机械。非水稻主产县重点发展技术含量高、适应性强、多功能作业、中等功率机械。丘陵山区县重点发展轻便、耐用、低耗的中小型作业机械。全区水稻生产形成作物、机械和种植模式相互适应的装备结构、产业结构和服务结构，提高水稻生产全程机械化技术集成和装备配套水平，促进机械化与信息化融合。

（三）强化水稻生产全程机械化技术服务

自治区成立水稻生产全程机械化技术专家组，负责全区水稻生产全程机械化技术指导工作；市、县（市、区，以下统称县）相应

成立由农机、农业等部门技术骨干组成的水稻生产全程机械化技术指导组,充分发挥科技支撑和技术人员咨询、指导、培训作用。围绕良种良法配套、农机农艺融合,制定技术方案,开展技术服务。加强水稻机械化育插秧、收获、烘干、病虫防治等主推技术和关键技术的培训,以种粮大户、专业合作社、家庭农场、社会化服务组织为重点,着力培养机械化育插秧作业能手和插秧机、植保机械、联合收获机等驾驶、操作、维修能手,提升农机手操作技能。明确乡镇负责农机推广工作的机构,在"十三五"期间解决乡镇农机推广办公业务用房建设问题,增加工作经费,加强人员队伍建设,改善工作条件,配备摩托车等农机推广下村交通工具,提高农机推广人员的工作效率和积极性。扶持和培育从事水稻生产的农机专业合作社、农机大户、家庭农场和专业化社会化服务组织,提高水稻生产组织化和社会化服务水平。

(四)大力推广应用减灾避灾机具与技术措施

立足于防灾抗灾夺丰收目标,农业、农机、气象等部门联合建立和完善灾害监测预警机制,为水稻生产及时提供预防旱涝自然灾害、病虫害综合防治等减灾避灾信息。依托水稻生产新型经营主体和社会化服务组织,组建农机应急作业队伍,引导开展跨区播种、跨区收获等农机作业。推广应用大型、高效植保机械,开展水稻病虫害机械化统防统治。推广应用排涝设备、节水灌溉和小型抗旱设备,增强抗旱排涝能力。推广应用先进适用的烘干设备、烘干技术和加工储藏技术,加快建立水稻机械化烘干中心和稻谷加工及储藏中心,提高水稻干燥处理、加工储藏机械化水平,减少水稻收获后不必要的损失。

四、主要措施

（一）支持建设水稻工厂化育秧中心、集中育秧中心

各级财政加大资金整合力度，统筹相关涉农资金，重点支持建设水稻工厂化育秧中心、集中育秧中心，重点组织实施水稻育插秧"百千万"工程，有效突破水稻机械化育秧、插秧、烘干薄弱环节。通过支持融资租赁、提供融资担保、先建后补、以奖代补、政府购买服务等方式，重点支持水稻生产新型经营主体建设一百个配套有稻谷烘干设备的大型工厂化育秧中心和一千个中型育秧中心，引导带动社会资本投入发展一万个小型育秧中心，充分发挥财政资金的引导和放大效应，形成大、中、小型工厂化集中育秧中心共同发展和水稻生产全程机械化水平稳步提高的良好局面。同时，扶持建设两百个现代农机合作组织，逐步形成"育秧中心为龙头，现代农机合作组织为载体，规模种植大户为骨干，水稻种植户共同参与"的水稻机械化育插秧推广模式。扶持研发水稻工厂化集中育秧基质，着力解决育秧基质难题，节约育秧成本，提高秧苗质量。

（二）支持创建全区水稻生产全程机械化示范县

大力推进广西粮食产业提升行动，支持创建全区水稻生产全程机械化示范县。自治区、市、县财政加大投入力度，重点发挥财政部门整合涉农资金的主体作用，大力整合农业综合开发、高标准农田建设、农田水利建设、农网改造升级等相关项目资金，统筹用于推进水稻生产全程机械化。倾斜支持50个水稻主产县建设水稻生产全程机械化示范基地，每个县至少建立1个2 000亩以上相对连片的示范基地；鼓励支持有条件的县整村、整镇、整县推进水稻生产全程机械化；鼓励支持市、县创建水稻生产全程机械化示范区。重点支持创建全国和全区

水稻生产全程机械化示范县,力争在示范县率先实现水稻生产耕、种、管、收、烘干全程机械化,为全区农业机械化发展树立典型。评审确定为全国和自治区级水稻生产全程机械化示范县的,优先安排承担国家及自治区的农业社会化服务整县推进项目、水稻生产全程机械化示范推广项目、扶持现代农机合作组织发展项目等重大项目。

(三) 进一步落实各类扶持政策

进一步落实农机购置补贴、农机作业补贴、农业技术示范推广项目、财政贷款贴息等扶持政策,扶持水稻工厂化育秧中心建设发展,加快推进水稻生产全程机械化。加大对水稻生产机械的补贴资金投入,购机补贴资金向水稻生产的关键环节和薄弱环节倾斜,对购买水稻插秧机、联合收割机、高效植保机械、秸秆粉碎还田机、烘干机械等,实行优先保证补贴。按照"先试点、后推广"原则,逐步实施水稻生产机械化育秧、插秧、烘干等关键薄弱环节的作业补贴和报废农机补贴政策。采取政府购买服务等方式,鼓励和引导社会力量参与水稻生产全程机械化。进一步协调落实联合收割机、插秧机运输车辆免道路通行费的政策,推动水稻生产机械跨区域开展社会化作业服务。

(四) 改善水稻生产基础设施条件

加快推进以适应机械化作业为目标的农田水利基础设施建设和高标准农田建设,国土资源和移民部门在土地整治、水利部门在农田水利建设、财政部门在农业综合开发、电力部门在农网改造升级等项目规划建设中,要重点推进农田"小块并大块",配套建设机耕道路和机械下田作业道口,保证设施建设不影响机械作业,确保农田提水灌溉所需电力,为水稻生产全程机械化创造条件。各级人民政府要将农村机耕道路、农机场库棚、水稻工厂化育秧中心和烘干中心等纳入农业农村基础设施建设规划和农用设施用地范围，在建设用地、资金投入等方面给予大力支持。

（五）强化组织领导和协调配合

各市、县人民政府要把加快推进水稻生产全程机械化纳入重要议事日程，加强组织领导，加大财政资金投入，做到有部署、有措施、有落实、有成效。要通过督促指导、跟踪检查、信息交流、媒体宣传、绩效考核等一系列措施，加快推进水稻生产全程机械化。各级财政、国土资源、科技、水利、农业、农机、电力等部门要各司其职，强化协调配合，形成协调联动、整体推进的工作机制，加快推进水稻生产全程机械化。

附件：全区粮源基地县名单（略）

广西壮族自治区人民政府办公厅
2015 年 10 月 19 日

福建省人民政府关于建立水稻生产功能区的实施意见

各市、县（区）人民政府，平潭综合实验区管委会，省人民政府各部门、各直属机构，各大企业，各高等院校：

为贯彻落实《国务院关于建立粮食生产功能区和重要农产品生产保护区的指导意见》（国发〔2017〕24号），切实做好我省水稻生产功能区划定建设工作，现提出如下意见。

一、明确目标任务

2018年年底前，基本完成800万亩水稻生产功能区划定（见附件）；2019年年底前，全面完成功能区的复核、建档立卡和上图入库等工作；2021年年底前，基本完成建设任务，形成布局合理、数量充足、设施完善、产能提升、管护到位、生产现代化的水稻生产功能区。

二、科学划定区域

（一）明确划定标准

水稻生产功能区应具备以下条件：水土资源条件较好，坡度在15度以下的永久基本农田；相对集中连片，原则上连片面积不低于50亩；农田灌排工程等农业基础设施比较完备，生态环境良好，未列入退耕还林还草、还湖还湿、耕地休耕试点等范围；具有水稻种植传统，近3年播种面积基本稳定。优先选择已建成或规划建设的高标准农田划入水稻生产功能区。

（二）推动精准落地

县级人民政府要根据土地利用、农业发展、城乡建设等相关规划，按照统一标准和所承担的水稻生产功能区划定任务，结合农村土地承包经营权确权登记颁证和永久基本农田划定工作，明确功能区具体地块并统一编号，标明"四至"及拐点坐标、面积以及灌排工程条件、作物类型、承包经营主体、土地流转情况等相关信息，并落实到图斑地块。依托国土资源遥感监测"一张图"和综合监管平台，建立电子地图和数据库，建档立卡、登记造册。各设区市要于2017年10月底前将水稻生产功能区划定任务分解落实到县级。

（三）上报验收成果

各县（市、区）农业部门要会同国土、发改等部门，适时组织开展水稻生产功能区划定成果的核查验收工作，在公告公示无异议后，将有关情况上报市级农业、国土、发改等部门。市级相关部门审核把关后，于2019年6月底前将验收结果报送省农业厅、发改委、国土厅等部门，同时抄送省财政厅、住建厅、水利厅。

三、强化监督管护

（四）依法严格保护

严格水稻生产功能区范围内永久基本农田管理，各地要确保其数量不减少、质量不降低。水稻生产功能区划定后，任何单位、个人不得擅自占用或改变用途，不得随意改变水稻生产功能区边界特别是城市周边水稻生产功能区。符合法定条件占用永久基本农田的，应当报国务院批准，并补划数量相等、质量相当的永久基本农田。占用的永久基本农田属粮食生产功能区的，补划的永久基本农田同时纳入粮食生产功能区。

（五）落实管护责任

各县（市、区）要按照"谁使用、谁受益、谁管护"的原则，将水稻生产功能区的农业基础设施管护责任落实到经营主体，督促和指导经营主体加强设施管护。创新农田水利工程建管模式，鼓励农民、农村集体经济组织、新型经营主体等参与建设、管理和运营。

（六）加强动态监测和信息共享

各市、县（区）要综合运用现代信息技术，建立水稻生产功能区监测监管体系，定期对水稻生产功能区范围内农作物品种和种植面积等进行动态监测，深入分析相关情况，实行精细化管理。建立水稻生产功能区信息报送制度，及时更新功能区电子地图和数据库。建立健全数据安全保障机制，落实责任主体，在保证信息安全的前提下，开放水稻生产功能区电子地图和数据库接口，实现信息互通、资源共享。

（七）强化监督考核

省农业厅要会同国土厅、发改委等部门，结合粮食安全省长责任制，对各设区市水稻生产功能区划定、建设和管护工作进行评价考核，评价考核结果与扶持政策相挂钩。各市、县（区）要切实抓好水稻生产功能区的监督检查，将相关工作作为各级政府绩效考评的重要内容，并建立绩效考核和责任追究制度。

四、加强能力建设

（八）提高综合生产能力

各地要依据高标准农田建设规划和土地整治规划等，按照集中连片、旱涝保收、稳产高产、生态友好的要求，积极推进水稻生产功能区范围内的高标准农田建设。加强水稻生产功能区范围内的骨干水利工程和中小型农田水利设施建设，因地制宜兴建"五小水利"工程，大力发展节水灌溉，打通农田水利"最后一公里"。

(九) 发展适度规模经营

加大水稻生产功能区范围内的新型经营主体培育力度，优化支持方向和领域，使其成为功能区建设的骨干力量。以水稻生产功能区为平台，重点发展多种形式的适度规模经营，健全农村经营管理体系，加强对土地经营权流转和适度规模经营的管理服务。引导和支持水稻生产功能区范围内的经营主体根据市场需要，优化生产结构，加强粮食产后服务体系建设，增加绿色优质水稻供给。

(十) 强化农业社会化服务

适应现代农业发展的要求，着力深化水稻生产功能区范围内的基层农技推广机构改革，积极发展水稻集中育秧、机插、机收、机烘和水稻病虫害专业化统防统治等覆盖水稻生产全程的农业社会化服务组织，提升农技推广和服务能力，深入开展绿色高产高效创建，加快优良品种、高产栽培技术普及应用，提升水稻生产全程机械化水平。

五、突出政策支持

(十一) 加强基础设施建设

把水稻生产功能区作为农业固定资产投资安排的重点领域，在不改变项目资金渠道的前提下，将现有的高标准农田建设、土地整理、新增千亿斤粮食综合生产能力规划田间工程、中小型农田水利设施建设等农业基础设施建设项目向水稻生产功能区聚集。创新水稻生产功能区建设投融资机制，吸引社会资本投入，加快建设步伐。

(十二) 加大财政支持投入

进一步优化财政支农结构，创新资金投入方式和运行机制，推进水稻生产功能区范围内各类涉农资金整合和统筹使用。率先在功能区范围内建立以绿色生态为导向的农业补贴制度。

(十三) 创新金融支持

鼓励金融机构完善信贷管理机制,创新金融支农产品和服务,拓宽抵质押物范围,积极推动农业信贷担保公司为粮食生产规模经营主体开展农业信贷担保服务。完善政府、银行、保险公司、担保机构联动机制,深化小额贷款保证保险试点,在水稻生产功能区范围内实现水稻种植保险全覆盖。

六、强化组织领导

(十四) 加强部门协作

省直有关单位要加强指导、协调和监督检查,确保各项任务落实到位。发展改革部门要强化项目资金支持,适时组织第三方评估。财政部门要加强财政补贴资金的统筹和整合,优化使用方向;省级财政一次性安排1 600万元工作经费用于划定水稻生产功能区。国土资源部门负责提供最新土地利用数据库、基本农田(含永久基本农田)数据库、数字高层模型(DEM)等相关数据。农业部门会同国土资源部门,制定相关划定、验收、评价、考核操作规程和管理办法,做好上图入库工作。人行、银监、保监等部门要及时对接落实水稻生产功能区建设的金融支持政策。

(十五) 落实属地责任

逐级建立水稻生产功能区划定、建设和管护工作负责机制。各设区市要成立由政府负责同志牵头、各有关部门参加的协调机制,逐级签订责任书,层层落实责任;要根据各地实际情况,细化制定具体实施办法、管理细则,出台相关配套政策,抓好工作落实。

（十六）强化宣传引导

开展水稻生产功能区建设是落实藏粮于地、藏粮于技战略和推进农业供给侧结构性改革工作的重要抓手。各市、县（区）要充分利用广播、电视、报刊、网络等新闻媒体，开展多层次、多形式、持续性的宣传，营造有利于水稻生产功能区划定的工作环境和舆论氛围，推动水稻生产功能区工作顺利开展。

附件：福建省水稻生产功能区划定任务表（略）

福建省人民政府
2017 年 10 月 23 日

浙江省人民政府办公厅关于加强农业科技普及推广着力提高水稻单产的若干意见

水稻是我省最重要的粮食作物。近年来,我省水稻种植面积和产量基本保持稳定,有效地保障了粮食安全。但是,从我省光温资源利用和现有水稻生产技术条件看,提高水稻单产还有一定的潜力。在继续稳定和完善粮食生产扶持政策的基础上,为加大科技普及推广的力度,进一步提高水稻单产,经省政府同意,特提出如下意见:

一、主攻水稻特别是单季晚稻单产

从我省当前粮食生产的实际看,各地要把科技推广的工作重点放在提高水稻特别是单季晚稻的单产上,进一步采取有效措施,力争到2010年全省单季晚稻平均亩产达到500千克以上,比现有水平提高50千克左右。

二、大力引进、选育、推广优质高产水稻新品种

继续组织有关科研院(所),加快实施"0406"计划等项目,引进和选育一批适合我省气候、土壤等条件的优质高产水稻特别是单季晚稻新品种,启动实施1500万亩水稻亩产500千克优质高产栽培技术集成研究与示范等重大科技攻关项目。各市应确定1~3个优质高产水稻品种予以重点推广。对省定的优质高产新品种,继续实行良种财政补贴,并按每推广1亩0.1元的标准,由省财政安排专项资金,奖励有关育种和推广单位。省扶持、安排有关育种科研院(所)的资金和

项目，与该院（所）育成优质高产新品种的推广成效相挂钩，对推广面积较大、成效较好的科研院（所）给予倾斜支持。

三、加快推广水稻高产省工节本增效技术

在单季水稻种植中，重点推广"生育期相对较短品种改为生育期相对较长品种，迟播迟栽改为早播早栽，适当密植改为少本稀植，化肥为主重前期施用改为增施有机肥重穗肥，水层深灌改为浅湿灌溉"为主要内容的"五改"技术。今年全省推广200万亩，以后每年递增200万亩，到2010年基本普及。继续大力推广应用水稻抛秧、直播、旱育秧、免耕直播等轻型栽培技术和水稻强化栽培、稻鸭共育等高产高效新技术；实施农药减量控害工程，大力推广水稻病虫害综合防治和测土配方等无公害生产技术，实现肥药减量增效。力争到2010年，全省稻谷品质基本达到无公害标准。

四、全面建立基层农技员包片联户指导粮食生产制度

各地要认真贯彻《浙江省人民政府关于改革和加强基层农业技术推广体系的通知》（浙政发〔2005〕32号）精神，加快改革步伐，切实稳定和加强基层农技推广队伍。大力推进农业科技入户工作，组织基层农技员包干负责一个片和若干水稻示范户，明确工作职责和目标，加强对农户面对面的技术指导。要把包干负责片、户的水稻生产水平作为农技员岗位考核、续聘和职称评聘的主要依据。

五、开展水稻"万村优质高产示范"活动

凡是水稻种植面积100亩以上的村，都要选择1个种田水平高、科技接受能力强的农户作为水稻高产示范户。示范田面积要达到1~3

亩，便于周边农户的学习，切实起到示范推广作用。省财政安排专项资金，向示范户免费提供良种等补助。

六、开展优质高产竞赛活动

从今年开始，在每年粮食生产先进评选中，将提高水稻单产、稳定粮食种植面积、粮食规模经营水平等作为重要指标，评选若干个粮食生产先进县和高产示范大户、专业合作社。

七、大力推进水稻生产规模化、合作化

在坚持"依法、自愿、有偿"的前提下，继续推进土地经营权流转，提高粮食生产规模化水平。鼓励种粮大户开展粮食加工、销售，拉长粮食产业链。大力支持各类粮食加工、经营企业和产销服务组织与种粮大户建立稳定的粮食产销关系，发展订单生产。加快培育发展粮食生产（农机）专业合作社，大力鼓励开展水稻代育、代耕、代种、代管、代收等服务，提高生产组织化程度，增加种粮效益。省财政每年安排一定资金扶持水稻生产规模化、合作化。

八、加快推进水稻生产全程机械化

在巩固提高水稻机收、机耕率的基础上，以水稻机插为重点，大力推进水稻生产全程机械化。省财政安排的扶持农机化专项资金，重点支持水稻机械化。力争到2010年，全省水稻生产综合机械化率提高10个百分点。通过"农民信箱"等渠道，汇集大型农机具资源等信息，做好农机作业信息的发布，组织指导开展跨区机械作业，进一步提高农机利用率。

九、加强农田基础设施建设

继续加强农田水利建设,实施农业综合开发土地治理项目。开展地力调查和耕地分等定级,实现对耕地特别是标准农田的数字化、可视化和动态管理。加快实施"沃土工程",培肥改良耕地,改造中低产田。省财政安排专项资金,支持各地开展测土配方施肥。

十、切实加强领导和服务

各地要及时把粮食生产的重点转到提高单产上来,进一步加强对粮食生产工作的领导,组织农业、财政、粮食和有关科研院(所),共同研究解决提高水稻单产等方面的问题。为加强对水稻生产的指导,省里建立由省农业厅、中国水稻所、浙江大学、省农科院、嘉兴市农科院、宁波市农科院等有关单位专家组成的浙江省水稻生产专家委员会,指导全省水稻生产。及时宣传推广依靠科技进步、经营体制创新等提高粮食单产的先进典型。继续稳定完善粮食产销政策,努力增加财政投入,加大对水稻优质高产活动的扶持力度。加快落实粮食生产保险政策,增强防灾减灾能力。

各市、县(市、区)政府和省级有关部门要研究制定具体政策措施,推动我省水稻单产水平再上一个新台阶。

浙江省人民政府办公厅
2006年5月25日

湖南省水稻生产功能区和油菜籽、棉花生产保护区划定实施方案

根据《国务院关于建立粮食生产功能区和重要农产品生产保护区的指导意见》（国发〔2017〕24号）精神，按照《农业部国土资源部国家发展改革委关于做好粮食生产功能区和重要农产品生产保护区划定工作的通知》（农计发〔2017〕99号）要求，为确保我省2019年全面完成水稻生产功能区和油菜籽、棉花生产保护区（以下简称"两区"）划定工作，结合我省实际，制定本实施方案。

一、总体要求

（一）指导思想

全面贯彻党的十九大精神，以习近平新时代中国特色社会主义思想为指导，认真落实党中央、国务院决策部署，实施藏粮于地、藏粮于技战略，以确保国家粮食安全和保障重要农产品有效供给为目标，以深入推进农业供给侧结构性改革为主线，以永久基本农田为基础，以水稻、油菜籽、棉花传统种植区为重点，将"两区"细化落实到具体地块，优化区域布局和要素组合，促进农业结构调整，发展精细农业，建立优质农副产品供应生产基地，提升农产品质量效益和市场竞争力，为推进农业现代化建设、全面建成小康社会奠定坚实基础。

（二）基本原则

——试点先行、稳步推进。采取试点先行、稳步推进的方式做好

"两区"划定工作。在攸县、衡阳县、华容县、汉寿县、道县等5个已完成土地确权登记的水稻、油菜籽、棉花生产大县开展"两区"划定试点。在总结试点经验的基础上，全面铺开"两区"划定工作。

——划优保优、突出重点。"两区"划定优先在水土资源条件较好、相对集中连片、生态环境良好、农业基础设施比较完备、具有水稻、油菜籽、棉花种植传统的永久基本农田中划定，优先选择已经建成或规划建设的高标准农田划入"两区"。适当增加产粮大县和油菜籽、棉花生产重点县"两区"划定任务。

——政策引导、农民参与。完善支持政策和制度保障体系，充分尊重农民自主经营的意愿和保护农民土地的承包经营权，积极引导农民参与"两区"划定，鼓励农民发展水稻、油菜籽、棉花生产。

——逐级分解、科学划定。充分利用永久基本农田划定和农村土地确权登记颁证成果，采取因素分配法将"两区"划定任务分解到县市区。各县市区要综合考虑当地资源禀赋、发展潜力将划定任务逐级细化分解到乡、村，并按照"两区"划定标准，以第二次全国土地利用现状调查和永久基本农田划定的图件、数据为基础，将划定任务落实到具体地块，建立数字化地图和数据库。

(三) 目标任务

到2019年底前完成3 850万亩水稻生产功能区、1 500万亩油菜籽、100万亩棉花生产保护区划定任务，做到全部建档立卡、上图入库，实现信息化和精准化管理，形成布局合理、数量充足、设施完善、产能提升、管护到位、生产现代化的"两区"，粮食安全的基础更加稳固，重要农产品自给水平保持稳定，农业产业安全显著增强。

二、科学合理划定"两区"

（一）科学确定划定标准

"两区"划定应同时具备以下条件：水土资源条件较好，坡度在15度以下的永久基本农田；相对集中连片，原则上河湖平原区连片面积不低于200亩，丘陵山区不低于50亩；农田灌排工程等农业基础设施比较完备，生态环境良好，未列入退耕还林还草、还湖还湿、耕地休耕试点等范围；具有水稻和油菜籽、棉花的种植传统，近三年播种面积基本稳定；优先选择已建成或规划建设的高标准农田进行"两区"划定；受重金属污染物或其他有毒有害物质污染较严重且未列入治理规划的耕地不得划入。在水稻生产功能区和油菜籽、棉花生产保护区内划定的相对集中连片耕地，应具有明确的经营主体、管护主体或能够进行统一生产管理。单个"两区"片块可跨越村组区域界线，但原则上不得跨越乡级行政区域界线。

（二）统筹谋划划定工作

"两区"划定工作以县为基础推进，各县市区人民政府要根据土地利用、农业发展、城乡建设等规划情况，结合永久基本农田划定和农村土地承包经营权确权登记颁证，制定工作方案，明确工作目标，统筹谋划"两区"划定工作。

（三）摸清划定区域情况

"两区"划定采取内业、外业相结合的方式，各县市区在摸清区域地块情况的基础上，推动开展划定工作。首先，搜集永久基本农田划定、第二次全国土地调查有关图件、影像等数据资料，结合国土资源部门最新年度土地利用现状数据、永久基本农田和农村土地承包经营权确权登记成果，参照有明显标示作用的线状地物、自然地貌、人工地物界线、行政区域界线以及权属界线等，确定"两区"划定的初步区域范围，开展图上作业。其次，实地调查核对划入"两区"片块、地块的情况，并统一编号，标明"四至"及拐点、坐标、面积、灌排工程条件、作物类型、承包经营主体、土地流转情况等相关信息。最后，修改完善"两区"划定图斑，形成准确的图斑和数据，确定"两区"地块、片块边界和"两区"范围。

（四）形成全面划定成果

按照粮食生产功能区和重要农产品生产保护区划定技术规程有关要求，做好"两区"划定数据的测绘搜集，开展上图入库、建档立册，并逐级汇总地块图斑及信息，形成上下衔接、规范统一的信息系统。各县市区每季度将"两区"划定地块图斑和数据汇总，逐级报送市级、省级农业部门。省农委要建立"两区"划定和管理大数据系统，在加强数据安全保障，保证"两区"信息安全的前提下，实现信息互通、资源共享，推进成果的有效利用。

三、保障措施

（一）强化组织领导

"两区"划定工作涉及面广、专业性强，责任十分重大，省级建立由省人民政府负责同志牵头、各有关部门参加的协调机制。各市州、县市区人民政府要高度重视，切实加强组织领导，认真谋划、精心部署，做到职责分工明确、人员落实、经费到位，确保按时、保质、保量完成工作任务。要结合落实粮食安全省长责任制，对各地"两区"划定工作进行评价考核。农业、国土资源、发改等相关部门要加强督导，适时赴重点地区开展专项督导检查。

（二）完善支持政策

完善均衡性转移支付机制，健全粮食主产区利益补偿机制，逐步提高产粮大县人均财力保障水平。进一步优化财政支农结构，创新资金投入方式和运行机制，推进"两区"范围内各类涉农资金整合和统筹使用。率先在"两区"范围内建立以绿色生态为导向的农业补贴制度。

（三）大力宣传引导

各地要充分利用各种新闻媒体，开展多层次、多形式、持续性的宣传，切实保障群众的知情权，调动群众参与的积极性。要充分发挥农村基层组织尤其是村组的作用，明确任务，强化责任，营造有利于"两区"划定的工作环境和舆论氛围，宣传划定工作中的好经验、好典型，促进有关部门齐抓共管、齐心协力，共同做好工作。

附件：湖南省"两区"划定分县市区任务表（略）

湖南省人民政府办公厅

2018年1月16日